4130

PULCHERIE

COMEDIE

HEROIQUE.

A PARIS,
Chez GUILLAUME DE LUYNE,
Juré, au Palais, dans la Salle des Merciers, sous
la montée de la Cour des Aydes,
à la Justice.

M. DC. LXXIII.
AVEC PRIVILEGE DV ROY.

AU LECTEUR.

PULCHERIE, fille de l'Empeur Arcadius, & sœur du jeune Théodose, a été une Princesse tres illustre, & dont les talens étoient merveilleux. Tous les Historiens en conviennent. Dés l'âge de quinze ans elle empiéta le Gouvernement sur son frére, dont elle avoit reconnu la foiblesse, & s'y conserva tant qu'il vécut, á la réserve d'environ une année de disgrace, qu'elle passa loin de la Cour, & qui coûta cher á ceux qui l'avoient réduite á s'en éloigner. Après la mort de ce Prince, ne pouvant retenir l'authorité Souveraine en sa personne, ny se résoudre á la quitter, elle proposa son mariage á Martian, á la charge qu'il luy permettroit de garder sa virginité, qu'elle avoit voüée & consacrée à Dieu. Comme il étoit déja assez avancé dans la vieillesse, il accepta la condition aisément, & elle le nomma pour Empereur

AU LECTEUR.

au Sénat qui ne voulut, ou n'osa l'en dédire. Elle passoit alors cinquante ans, & mourut deux ans après. Martian en régna sept, & eut pour successeur Léon, que ses excellentes qualitez firent surnommer le Grand. Le Patrice Aspar le servit á monter au trosne, & luy demanda pour récompense l'association á cet Empire, qu'il luy avoit fait obtenir. Le refus de Léon le fit conspirer contre ce maistre qu'il s'étoit choisi, la conspiration fut découverte, & Léon s'en défit. Voila ce que m'a prété l'Histoire. Je ne veux point prévenir vostre jugement sur ce que j'y ay changé, ou adjousté, & me contenteray de vous dire que bien que cette Piéce aye été réléguée dans un lieu, où on ne vouloit plus se souvenir qu'il y eust un Théatre, bien qu'elle ait passé par des bouches pour qui on n'étoit prévenu d'aucune estime, bien que ses principaux caractéres soient contre le goust du temps, elle n'a pas laissé de peupler le Desert, de mettre en crédit des Acteurs dont on ne connoissoit pas

AU LECTEUR.

le mérite, & de faire voir qu'on n'a pas toujours besoin de s'assujettir aux entestements du Siécle pour se faire écouter sur la Scene. J'auray de quoy me satisfaire, si cet Ouvrage est aussi heureux á la lecture, qu'il a été á la réprésentation, & si j'ose ne vous dissimuler rien, je me flate assez pour l'espérer.

Privilége du Roy.

LOUIS PAR LA GRACE DE DIEU Roy de France et de Navarre: A nos amez & feaux Conseillers les gens tenans nos Cours de Parlement & Maistres des Requestes ordinaires de nostre Hostel, Baillifs, Senechaux ou leurs Lieutenans, & autres qu'il appartiendra: Salut Nostre bien amé GUILLAUME DE LUYNE, Libraire Juré de nostre bonne ville de Paris, Nous a fait remontrer qu'il desireroit faire Imprimer une piece de Theatre de la composition du Sieur P. CORNEILLE, intitulée PULCHERIE, laquelle a esté leuë par le sieur Charpentier, ce qu'il ne peut faire sans sur ce avoir nos Lettres necessaires, humblement nous requerant icelles. A CES CAUSES: Nous avons permis & permettons par ces presentes à l'Exposant d'Imprimer ou faire Imprimer en tel volume, marge, & caractere que bon luy semblera, la susdite Piece de Theatre, & icelle vendre & debiter par tout nostre Royaume, pays & terres de nostre obeïssance, durant le temps de cinq années, à commancer du jour que ladite impression sera parachevée, pendant lequel temps Nous faisons deffences à tous Libraires & Imprimeurs d'imprimer vendre ny debiter ladite piece de Theatre, sans le consentement de l'Exposant, ou de ceux qui auront droict de luy, à peine de trois mil livres d'amende & confiscation, aplicable un tiers à Nous, un tiers à l'Hospital Général & l'autre tiers au profit de l'Exposant, à la charge de mettre deux Exemplaires de ladite piece en nostre Biblioteque, un en celle de nostre Cabinet du Louvre, & un en celle de nostre cher &

feal le Sieur d'Aligre Garde des Sceaux de France, avant que de l'expoſer en vente, & de faire enregiſtrer ces Preſentes au Livre du Syndic des Marchands Libraires de noſtre ville de Paris, & qu'en mettant au commancement ou à la fin de ladite piece un Extrait des preſentes foy y ſoit adjouſtée: Si mandons à chacun de vous ainſi qu'il appartiendra, que du contenu faſſiez joüir l'Expoſant ou ceux qui auront droit de luy, pleinement & paiſiblement, & au premier noſtre Huiſſier ou Sergent faire pour l'execution d'icelles, tous exploits & actes neceſſaires ſans autre permiſſion, nonobſtant Clameur de Haro, Chartre Normande & Lettres à ce contraires: Car tel eſt noſtre plaiſir. DONNE' à Paris le trentieſme jour de Decembre l'an de grace mil ſix cens ſoixante-douze. Et de noſtre regne le trentieſme. Par le Roy, LE NORMAND.

Regiſtré ſur le Livre de la Communauté des Marchands Libraires & Imprimeurs de Paris, le 5. Ianvier 1673. ſuivant l'Arreſt du Parlement du 8. Avril, & celuy du Conſeil Privé du Roy du 27. Fevrier 1665.

Signé D. THIERRY, Syndic.

Les Exemplaires ont eſté fournis.

Achevé d'imprimer pour la premiere fois le 20. Ianvier 1673.

ACTEURS.

PULCHERIE, Impératrice d'Orient.

MARTIAN, vieux Sénateur, Ministre d'Etat sous Théodose le jeune.

LEON, Amant de Pulchérie.

ASPAR, Amant d'Iréne.

IRENE, sœur de Léon.

JUSTINE, fille de Martian.

La Scéne est à Constantinople dans le Palais Impérial.

PULCHERIE.
COMEDIE HEROIQUE
ACTE I.

SCENE PREMIERE.
PULCHERIE, LEON.
PULCHERIE.

JE vous aime, Leon, & n'en fais point mystere;
Des feux tels que les miens n'ont rien qu'il faille taire,
Je vous aime, & non-point de cette folle ardeur
Que les yeux éblouïs font maîtresse du cœur,
Non d'un amour conçeu par les sens en tumulte,
A qui l'ame applaudit sans qu'elle se consulte,
Et qui ne concevant que d'aveugles desirs
Languit dans les faveurs & meurt dans les plaisirs;
Ma passion pour vous genereuse & solide
A la vertu pour ame, & la raison pour guide,
La gloire pour objet, & veut sous vôtre loy
Mettre en ce jour illustre, & l'Univers, & moy.

A

PULCHERIE.

Mon Ayeul Théodose, Arcadius mon pére,
Cet Empire quinze ans gouverné pour un frére,
L'habitude à régner, & l'horreur d'en déchoir,
Vouloient dans un mary trouver mesme pouvoir :
Je vous en ay creu digne, & dans ces espérances
Dont un panchant flateur m'a fait des asseurances,
De tout ce que sur vous j'ay fait tomber d'emplois
Aucun n'a démenty l'attente de mon choix.
Vos hauts faits à grands pas nous portoient à l'Empire,
J'avois reduit mon frére à ne m'en point dédire,
Il vous y donnoit part, & j'é ois toute à vous;
Mais ce malheureux Prince est mort trop tost pour nous.
L'Empire est à donner, & le Sénat s'assemble
Pour choisir une teste à ce grand corps qui tremble,
Et dont les Huns, les Gots, les Vandales, les Francs,
Bouleversent la masse & déchirent les flancs.
Je voy de tous costez des partis & des ligues,
Chacun s'entremesure, & forme ses intrigues;
Procope, Gratian, Aréobinde, Aspar,
Vous peuvent enlever ce grand nom de César,
Ils ont tous du mérite, & ce dernier s'asseure
Qu'on se souvient encor de son pere Ardabure,
Qui terrassant Mitrane en combat singulier
Nous acquit sur la Perse un avantage entier,
Et rasseurant par là nos Aigles alarmées
Termina seul la guerre aux yeux des deux Armées.
Mes souhaits, mon crédit, mes amis sont pour vous ;
Mais à moins que ce rang, plus d'amour, point d'époux.
Il faut, quelques douceurs que cet amour propose,
Le trosne ou la retraite au sang de Théodose,
Et si par le succès mes desseins sont trahis,
Je m'éxile en Judée auprès d'Athénaïs.

COMEDIE HEROIQUE.
LEON.

Je vous suivrois, Madame, & du moins sans ombrage
De ce que mes rivaux ont sur moy d'avantage,
Si vous ne m'y faisiez quelque destin plus doux,
J'y mourrois de douleur d'estre indigne de vous,
J'y mourrois à vos yeux en adorant vos charmes:
Peut-estre essuyriez vous quelqu'une de mes larmes,
Peut-estre ce grand cœur qui n'ose s'attendrir
S'y défendroit si mal de mon dernier soupir,
Qu'un éclat impréveu de douleur & de flame
Malgré vous à son tour voudroit suivre mon ame.
La mort qui finiroit à vos yeux mes ennuis
Auroit plus de douceur que l'état où je suis.
Vous m'aimez, mais hélas! quel amour est le vostre,
Qui s'apreste peut-estre à pancher vers un autre?
Que servent ces desirs qui n'auront point d'effet,
Si vostre illustre orgueil ne se voit satisfait?
Et que peut cet amour dont vous êtes maîtresse,
Cet amour, dont le trosne a toute la tendresse,
Esclave ambitieux du suprème degré,
D'un tître qui l'allume & l'éteint a son gré?
Ah, ce n'est point par là que je vous considére,
Dans le plus triste éxil vous me seriez plus chére,
Là mes yeux sans relâche attachez à vous voir
Feroient de mon amour mon unique devoir,
Et mes soins réunis à ce noble esclavage
Sçauroient de chaque instant vous rendre un plein hommage.
Pour estre heureux amant faut-il que l'Univers
Ait place dans un cœur qui ne veut que vos fers,
Que les plus dignes soins d'une flame si pure
Deviennent partagez à toute la Nature?
Ah que ce cœur, Madame, a lieu d'estre alarmé,
Si sans estre Empereur je ne suis plus aimé!

A ij

PULCHERIE.

Vous le serez toûjours, mais une ame bien née
Ne confond pas toûjours l'amour & l'Hyménée.
L'Amour entre deux cœurs ne veut que les unir,
L'Hyménée a de plus leur gloire á soutenir ;
Et je vous l'avoûray, pour les plus belles vies
L'orgueil de la naissance a bien des tyrannies.
Souvent les beaux desirs n'y servent qu'á gesner,
Ce qu'on se doit combat ce qu'on se veut donner,
L'Amour gémit en vain sous ce devoir sévere...
Ah ! si je n'avois eu qu'un Sénateur pour pére !
Mais mon sãg dãs mõ séxe a mis les plus grãds cœurs,
Eudoxe & Placidie ont eu des Empereurs,
Je n'ose leur céder en grandeur de courage,
Et malgré mon amour je veux mesme partage,
Je pense en estre seure, & tremble toutefois,
Quand je voy mon bonheur dépendre d'une voix.

LEON.

Qu'avez-vous á trembler ? Quelque Empereur qu'on nomme,
Vous aurez vostre Amant, ou du moins un grand homme,
Dont le nom adoré du Peuple & de la Cour
Soûtiendra vostre gloire & vaincra vostre amour.
Procope, Aréobinde, Aspar, & leurs semblables
Parez de ce grand nom vous deviendront aimables,
Et l'éclat de ce rang qui fait tant de jaloux
En eux ainsi qu'en moy sera charmant pour vous.

PULCHERIE.

Que vous m'étes cruel, que vous m'étes injuste,
D'attacher tout mon cœur au seul títre d'Auguste !
Quoy que de ma naissance éxige la fierté,
Vous seul ferez ma joye & ma félicité,
De tout autre Empereur la grandeur odieuse...

LEON.

Mais vous l'épouserez, heureuse, ou malheureuse ?

COMEDIE HEROIQUE.
PULCHERIE.

Ne me preſſez point tant, & croyez avec moy
Qu'un choix ſi glorieux vous donnera ma foy,
Ou que, ſi le Sénat á nos vœux eſt contraire,
Le Ciel m'inſpirera ce que je devray faire.

LEON.

Il vous inſpirera quelque ſage douleur,
Qui n'aura qu'un ſoûpir á perdre en ma faveur.
Ouy, de ſi grands rivaux...

PULCHERIE.
Ils ont tous des Maîtreſſes.

LEON.

Le troſne met une ame audeſſus des tendreſſes.
Quand du grand Théodoſe on aura pris le rang,
Il y faudra placer les reſtes de ſon ſang :
Il voudra, ce rival, qui que l'on puiſſe élire,
S'aſſeurer par l'Hymen de vos droits á l'Empire.
S'il a pû faire ailleurs quelque offre de ſa foy,
C'eſt qu'il a creu ce cœur trop prévenu pour moy;
Mais ſe voyant au troſne, & moy dans la pouſſiére,
Il ſe promettra tout de voſtre humeur altiére,
Et s'il met á vos pieds ce charme de vos yeux,
Il deviendra l'objet que vous verrez le mieux.

PULCHERIE.

Vous pourriez un peu loin pouſſer ma patience,
Seigneur, j'ay l'ame fiére, & tant de prévoyance
Demande á la ſouffrir encor plus de bonté,
Que vous ne m'avez veu juſqu'icy de fiérté;
Je ne condamne point ce que l'amour inſpire,
Mais enfin on peut craindre, & ne le point tant dire.
  Je n'en tiendray pas moins tout ce que j'ay promis,
Vous avez mes ſouhaits, vous aurez mes amis,
De ceux de Martian vous aurez le ſuffrage;
Il a, tout vieux qu'il eſt, plus de vertus que d'âge,
Et s'il briguoit pour luy, ſes glorieux travaux
Donneroiét fort á craindre á vos plus grands rivaux.

A iij

LEON.

Nôtre Empire, il est vray, n'a point de plus grand homme,
Séparez-vous du rang, Madame, & je le nomme.
S'il me peut enlever celuy de Souverain,
Du moins je ne crains pas qu'il m'oste vostre main,
Ses vertus le pourroient, mais je voy sa vieillesse.

PULCHERIE.

Quoy qu'il en soit, pour vous ma bonté l'intéresse,
Il s'est plû sous mon frére á dépendre de moy,
Et je me viens encor d'assurer de sa foy.

Je vois entrer Iréne, Aspar la trouve belle,
Faites agir pour vous l'amour qu'il a pour elle,
Et comme en ce dessein rien n'est á négliger,
Voyez ce qu'une sœur vous pourra ménager.

SCENE II.

PULCHERIE, LEON, IRENE.

PULCHERIE.

M'Aiderez-vous, Iréne, á couronner un frére ?

IRENE.

Un si foible secours vous est peu nécessaire,
Madame, & le Sénat...

PULCHERIE.

N'en agissez pas moins.
Joignez vos vœux aux miens, & vos soins á mes soins,
Et montrons ce que peut en cette conjoncture
Un amour secondé de ceux de la Nature.
Je vous laisse y penser.

SCENE III.

LEON, IRENE.

IRENE.

Vous ne me dites rien,
Seigneur, attendez vous que j'ouvre l'entretien ?
LEON.
A dire vray, ma sœur, je ne sçay que vous dire.
Aspar m'aime, il vous aime, il y va de l'Empire,
Et s'il faut qu'entre nous on balance aujourd'huy,
La Princesse est pour moy, le mérite est pour luy,
Vouloir qu'en ma faveur á ce grade il renonce,
C'est faire une prière indigne de réponse,
Et de son amitié je ne puis l'éxiger
Sans vous voler un bien qu'il vous doit partager.
C'est là ce qui me force á garder le silence,
Je me réponds pour vous á tout ce que je pense,
Et puisque j'ay souffert qu'il ait tout vostre cœur,
Je doy souffrir aussi vos soins pour sa grandeur.
IRENE.
J'ignore encor quel fruit je pourrois en attendre.
Pour le trosne, il est seur qu'il a droit d'y preten-
 dre,
Sur vous, & sur tout autre il le peut emporter;
Mais qu'il m'y donne part, c'est dont j'ose douter.
Il m'aime en apparence, en effet il m'amuse.
Jamais pour nôtre Hymen il ne manque d'excuse,
Et vous aime á tel point, que si vous l'en croyez,
Il ne peut estre heureux que vous ne le soyez.

A iiij

PULCHERIE.

Non que voſtre bon-heur fortement l'intéreſſe;
Mais ſçachant quel amour a pour vous la Princeſſe,
Il veut voir quel ſuccès aura ſon grand deſſein,
Pour ne point m'épouſer qu'en ſœur de Souverain.
　Ainſi depuis deux ans voyez qu'il différe:
Du reſte, à Pulchérie il prend grand ſoin de plaire,
Avec éxactitude il ſuit toutes ſes loix,
Et dans ce que ſous luy vous avez eu d'emplois,
Voſtre teſte aux périls à toute heure expoſée
M'a pour vous & pour moy presque deſabuſée.
La gloire d'un amy, la haine d'un rival
La hazardoient peut-eſtre avec un ſoin égal.
Le temps eſt arrivé qu'il faut qu'il ſe déclare,
Et de ſon amitié l'éffort ſera bien rare,
Si mis à cette épreuve, ambitieux qu'il eſt,
Il cherche à vous ſervir contre ſon intéreſt.
Peut-eſtre il promettra, mais quoy qu'il vous pro-
　　　mette,
N'en ayons pas, Seigneur, l'ame moins inquiéte:
Son ardeur trouvera pour vous ſi peu d'appuy,
Qu'on le fera luy-méme Empereur malgré luy,
Et lors, en ma faveur quoy que l'amour oppoſe,
Il faudra faire grace au ſang de Théodoſe,
Et le Sénat voudra qu'il prenne d'autres yeux,
Pour mettre la Princeſſe au rang de ſes Ayeux.
　Son cœur ſuivra le ſceptre, en quelque main
　　　qu'il brille,
Si Martian l'obtient, il aimera ſa fille,
Et l'amitié du frére, & l'amour de la ſœur,
Céderont à l'éſpoir de s'en voir ſucceſſeur.
En un mot, ma fortune eſt encor fort douteuſe,
Si vous n'étes heureux, je ne puis eſtre heureuſe,
Et je n'ay plus d'amant, non-plus que vous d'amy,
A moins que dans le troſne il vous voye affermy.
　　　　　LEON.
Vous préſumez bien mal d'un Héros qui vous aime,

COMEDIE HEROIQUE.
IRENE.
Je pense le connoistre á l'égal de moy-mesme,
Mais croyez moy, Seigneur, & l'Empire est á vous;
LEON.
Ma sœur!
IRENE.
Ouy, vous l'aurez malgré luy, malgré tous.
LEON.
N'y perdons aucun temps. Hastez vous de m'instruire,
Hastez-vous de m'ouvrir la route á m'y conduire,
Et si vostre bonheur peut dépendre du mien...
IRENE.
Apprenez le secret de ne hazarder rien.
N'agissez point pour vous, il s'en offre trop d'autres,
De qui les actions brillent plus que les vostres,
Que leurs emplois plus hauts ont mis en plus d'éclat,
Et qui, s'il faut tout dire, ont plus servy l'Etat.
Vous les passez peut-estre en grandeur de courage,
Mais il vous a manqué, l'occasion, & l'âge,
Vous n'avez commandé que sous des Généraux,
Et n'êtes pas encor du poids de vos rivaux.
Proposez la Princesse, elle a des avantages
Que vous verrez sur l'heure unir tous les suffrages;
Tant qu'á vécu son frére, elle a régné pour luy,
Ses ordres de l'Empire ont été tout l'appuy,
On vit depuis quinze ans sous son obéïssance,
Faites qu'on la maintienne en sa toute-puissance,
Qu'á ce prix le Sénat luy demande un époux;
Son choix tombera t'il sur un autre que vous?
Voudroit-elle de vous une action plus belle,
Qu'un respect amoureux qui veut tenir tout d'elle?
L'amour en deviendra plus fort qu'auparavant,
Et vous vous servirez vous mesme en la servant.

LEON.

Ah, que c'est me donner un conseil salutaire !
A t'on jamais veu sœur qui servist mieux un frére ?
Martian avec joye embrassera l'avis,
A peine parle-t'il que les siens sont suivis,
Et puisqu'á la Princesse il a promis un zèle
A tout oser pour moy sur l'ordre qu'il a d'elle,
Comme sa Créature, il fera hautement
Bien plus en sa faveur qu'en faveur d'un Amant.

IRENE.

Pour peu qu'il vous appuye, allez, l'affaire est seure.

LEON.

Aspar vient, faites luy, ma sœur, quelque ouverture,
Voyez....

IRENE.

C'est un esprit qu'il faut mieux ménager,
Nous découvrir á luy c'est tout mettre en danger,
Il est ambitieux, adroit, & d'un mérite...

SCENE IV.

ASPAR, LEON, IRENE.

LEON.

Vous me pardonnez bien, Seigneur, si je vous quitte :
C'est suppléer assez á ce que je vous doy,
Que vous laisser ma sœur qui vous plaist plus que moy.

ASPAR.

Vous m'obligez, Seigneur, mais en cette occurrence
J'ay besoin avec vous d'un peu de conférence.

COMEDIE HEROIQUE.

Du sort de l'Univers nous allons décider.
L'affaire vous regarde, & peut me regarder,
Et si tous mes amis ne s'unissent aux vostres,
Nos partis divisez pourront céder á d'autres.
Agissons de concert, & sans estre jaloux
En ce grand coup d'Etat, vous de moy, moy de vous,
Jurons nous que des deux qui que l'on puisse élire
Fera de son amy son Collégue a l'Empire,
Et pour nous l'asseurer voyons sur qui des deux
Il est plus á propos de jetter tant de vœux,
Quel nom seroit plus propre á s'attirer le reste.
Pour moy, j'y suis tout prest, & dès icy j'atteste...

LEON.

Vostre nom pour ce choix est plus fort que le mien,
Et je n'ose douter que vous n'en usiez bien;
Je craindrois de tout autre un dangereux partage,
Mais de vous, je n'ay pas, Seigneur, le moindre
    ombrage:
Et l'amitié voudroit vous en donner ma foy;
Mais c'est à la Princesse à disposer de moy,
Je ne puis que par elle, & n'ose rien sans elle.

ASPAR.

Certes, s'il faut choisir l'Amant le plus fidelle,
Vous l'allez emporter sur tous sans contredit,
Mais ce n'est pas, Seigneur, le point dont il s'agit,
Le plus flateur effort de la galanterie
Ne peut...

LEON.

Que voulez-vous? j'adore Pulchérie,
Et n'ayant rien d'ailleurs par où la mériter,
J'espére en ce doux titre, & j'aime á le porter.

ASPAR.

Mais il y va du trosne, & non d'une Maîtresse.

LEON.

Je vay faire, Seigneur, vostre offre á la Prin-
    cesse,

Elle sçait mieux que moy les besoins de l'Etat,
Adieu, je vous diray sa réponse au Sénat.

SCENE V.

ASPAR, IRENE.

IRENE.

Il a beaucoup d'amour.

ASPAR.

Oüy, Madame, & j'avoüe
Qu'avec quelque raison la Princesse s'en loüe;
Mais j'aurois souhaité qu'en cette occasion
L'amour concertast mieux avec l'ambition,
Et que son amitié s'en laissant moins séduire,
Ne nous exposast point á nous entredétruire.
Vous voyez qu'avec luy j'ay voulu m'accorder :
M'aimeriez vous encor si j'osois luy céder,
Moy qui doy d'autant plus mes soins á ma fortune,
Que l'amour entre nous la doit rendre commune?

IRENE.

Seigneur, lors que le mien vous a donné mon cœur,
Je n'ay point prétendu la main d'un Empereur,
Vous pouviez estre heureux sans m'apporter ce tître :
Mais du sort de Léon Pulchérie est l'arbitre,
Et l'orgueil de son sang avec quelque raison
Ne peut souffrir d'époux á moins de ce grand nom.
Avant que ce cher frére épouse la Princesse,
Il faut que le pouvoir s'unisse á la tendresse,
Et que le plus haut rang mette en leur plus beau jour
La grandeur du mérite, & l'excès de l'amour.

COMEDIE HEROIQUE.

M'aimeriez-vous assez pour n'estre point contraire
A l'unique moyen de rendre heureux ce frére,
Vous qui dans vostre amour avez pû sans ennuy
Vous défendre de l'estre un moment avant luy
Et qui mériteriez qu'on vous fist mieux connoistre
Que, s'il ne le devient, vous aurez peine à l'estre.

ASPAR.

C'est aller un peu viste, & bien-tost m'insulter
En sœur de Souverain qui cherche á me quitter.
Je vous aime, & jamais une ardeur plus sincere...

IRENE.

Seigneur, est-ce m'aimer que de perdre mon frére ?

ASPAR.

Voulez-vous que pour luy je me perde d'honneur ?
Est-ce m'aimer que mettre á ce prix mon bon-heur ?
Moy qu'on a veu forcer trois camps & vingt mu-
  railles,
Moy qui depuis dix ans ay gagné sept batailles,
N'ay-je acquis tant de nom que pour prendre la loy
De qui n'a commandé que sous Porcope, ou moy,
Que pour m'en faire un maistre, & m'attacher moy-
  mesme,
Un joug honteux au front au lieu d'un Diadème ?

IRENE.

Je suis plus raisonnable, & ne demande pas
Qu'en faveur d'un amy vous descendiez si bas.
Pylade pour Oreste auroit fait davantage,
Mais de pareils efforts ne sont plus en usage,
Un grand cœur les dédaigne, & le Siécle a changé,
A s'aimer de plus près on se croit obligé,
Et des vertus du temps l'ame persuadée
Hait de ces vieux Héros la surprenante idée.

ASPAR.

Il y va de ma gloire, & les siécles passez...

IRENE.

Elle n'est pas, Seigneur, peut-estre où vous pensez,

Et quoy qu'un juste espoir ose vous faire croire,
S'exposer au refus c'est hazarder sa gloire.
La Princesse peut tout, ou du moins plus que vous ;
Vous vous attirerez sa haine & son couroux,
Son amour l'intéresse, & son ame hautaine...
ASPAR.
Qu'on me fasse Empereur, & je crains peu sa haine.
IRENE.
Mais s'il faut qu'à vos yeux un autre préféré
Monte en dépit de vous à ce rang adoré,
Quel déplaisir ! quel trouble ! & quelle ignominie
Laissera pour jamais vostre gloire ternie !
Non, Seigneur, croyez-moy n'allez point au Sénat,
De vos hauts faits pour vous laissez parler l'éclat.
Qu'il sera glorieux que sans briguer personne
Ils fassent à vos pieds apporter la Couronne,
Que vostre seul mérite emporte ce grand choix,
Sans que vostre presence ait mendié de voix !
Si Procope, ou Léon, ou Martian l'emporte,
Vous n'aurez jamais eu d'ambition si forte,
Et vous desavoûrez tous ceux de vos amis
Dont la chaleur pour vous se sera trop permis.
ASPAR.
A ces hauts sentiments s'il me falloit répondre,
J'aurois peine, Madame, à ne me point confondre.
J'y voy beaucoup d'esprit, j'y trouve encor plus
  d'art ;
Et ce que j'en puis dire à la haste, & sans fard,
Dans ces grands intérests vous montrer si sçavante,
C'est estre bonne sœur, & dangeureuse Amante.
L'heure me presse, adieu. J'ay des amis à voir,
Qui sçauront accorder ma gloire & mon devoir,
Le Ciel me prétera par eux quelque lumiére
A mettre l'un & l'autre en asseurance entiére,
Et répondre avec joye à tout ce que je doy
A vous, à ce cher frére, à la Princesse, à moy.

COMEDIE HEROIQUE.
IRENE seule.
Perfide, tu n'es pas encor où tu te penses,
J'ay pénétré ton cœur, j'ay veu tes espérances,
De ton amour pour moy je voy l illusion,
Mais tu n'en sortiras qu'à ta confusion.

Fin du prémier Acte.

ACTE II.

SCENE PREMIERE.

MARTIAN, JUSTINE.

JUSTINE.

Noſtre illuſtre Princeſſe eſt donc Impératrice, Seigneur?

MARTIAN.

A ſes vertus on a rendu juſtice.
Léon l'a propoſée, & quand je l'ay ſuivy,
J'en ay veu le Sénat au dernier point ravy.
Il a réduit ſoudain toutes ſes voix en une,
Et s'eſt débaraſſé de la foule importune,
Du turbulent eſpoir de tant de Concurrents
Que la ſoif de régner avoit mis ſur les rangs.

JUSTINE.

Ainſi voilà Léon aſſeuré de l'Empire.

MARTIAN.

Le Sénat, je l'avouë, avoit peine á l'élire,
Et contre les grands noms de ſes Compétiteurs
Sa jeuneſſe eût trouvé d'aſſez froids Protecteurs.
Non qu'il n'ait du mérite, & que ſon grand courage
Ne ſe peuſt tout promettre avec un peu plus d'âge,
On n'a point veu ſi-toſt tant de rares exploits:
Mais, & l'expérience, & les prémiers emplois,
Le tître éblouïſſant de Général d'Armée,
Tout ce qui peut enfin groſſir la Renommée,

Tout

COMEDIE HEROIQUE.

Tout cela veut du temps, & l'amour aujourd'huy
Va faire ce qu'un jour son nom feroit pour luy.

JUSTINE.

Hélas, Seigneur!

MARTIAN.

Hélas, ma fille! quel mystére
T'oblige á soupirer de ce que dit un pére?

JUSTINE.

L'image de l'Empire en de si jeunes mains
M'a tiré ce soûpir pour l'Etat que je plains.

MARTIAN.

Pour l'interest public rarement on soupire,
Si quelque ennuy secret n'y mesle son martyre:
L'un se cache sous l'autre & fait un faux éclat,
Et jamais á ton âge on ne plaignit l'Etat.

JUSTINE.

A mon âge un soûpir semble dire qu'on aime;
Cependant vous avez soûpiré tout de mesme,
Seigneur, & si j'osois vous le dire á mon tour...

MARTIAN.

Ce n'est point á mon âge á soûpirer d'amour,
Je le sçay, mais enfin chacun a sa foiblesse.
Aimerois-tu Léon?

JUSTINE.

Aimez vous la Princesse?

MARTIAN.

Oublie en ma faveur que tu l'as deviné,
Et déments un soupçon qu'un soûpir t'a donné.
L'amour en mes pareils n'est jamais excusable,
Pour peu qu'on s'examine, on s'en tient méprisable,
On s'en hait, & ce mal qu'on n'ose découvrir
Fait encor plus de peine á cacher qu'á souffrir.
Mais t'en faire l'aveu, c'est n'en faire á personne;
La part que le respect, que l'amitié t'y donne,
Et tout ce que le sang en attire sur toy,
T'imposent de le taire une éternelle loy.

B

J'aime, & depuis dix ans ma flame & mon silence
Font á mon triste cœur égale violence :
J'écoute la raison, j'en gouste les avis,
Et les mieux écoutez sont le plus mal suivis.
Cent fois en moins d'un jour je guéris & retombe,
Cent fois je me révolte, & cent fois je succombe,
Tant ce calme forcé que j'étudie en vain
Près d'un si rare objet s'évanoüit soudain.

JUSTINE.

Mais pourquoy luy donner vous-mesme la couronne,
Quand á son cher Léon c'est donner sa personne?

MARTIAN.

Appren que dans un âge usé comme le mien,
Qui n'ose souhaiter, ny mesme accepter rien,
L'amour hors d'intérest s'attache á ce qu'il aime,
Et n'osant rien pour soy le sert contre soy-mesme.

JUSTINE.

N'ayant rien prétendu, dequoy soupirez-vous?

MARTIAN.

Pour ne prétendre rien on n'est pas moins jaloux,
Et ces desirs qu'éteint le déclin de la vie
N'empeschent pas de voir avec un œil d'envie,
Quand on est d'un mérite á pouvoir faire honneur,
Et qu'il faut qu'un autre âge emporte le bonheur.
Que le moindre retour vers nos belles années
Jette alors d'amertume en nos ames génées!
Que n'ay-je veu le jour quelques lustres plus tard,
Disois-je, en ses bontez peut-estre aurois-je part,
Si le Ciel n'opposoit auprès de la Princesse
A l'excès de l'amour le manque de jeunesse.
De tant & tant de cœurs qu'il force á l'adorer
Devois-je estre le seul qui ne peust espérer?
J'aimois quand j'étois jeune, & ne déplaisois guére,
Quelquefois de soy-mesme on cherchoit á me plaire,
Je pouvois aspirer au cœur le mieux placé :
Mais, hélas! j'étois jeune, & ce temps est passé.

Le souvenir en tuë, & l'on ne l'envisage,
Qu'avec, s'il le faut dire, une espéce de rage:
On le repousse, on fait cent projets superflus,
Le trait qu'on porte au cœur s'enfonce d'autant
  plus,
Et ce feu que de honte on s'obstine á contraindre
Redouble par l'effort qu'on se fait pour l'éteindre.
JUSTINE.
Instruit que vous étiez des maux que fait l'amour,
Vous en pouviez, Seigneur, empescher le retour,
Contre toute sa ruse estre mieux sur vos gardes.
MARTIAN.
Et l'ay je regardé comme tu le regardes,
Moy qui me figurois que ma caducité
Près de la beauté mesme étoit en seureté ?
Je m'attachois sans crainte á servir la Princesse,
Fier de mes cheveux blancs, & fort de ma foiblesse,
Et quand je ne pensois qu'á remplir mon devoir,
Je devenois amant sans m'en apercevoir.
Mon ame de ce feu nonchalamment saisie
Ne l'a point reconnu que par ma jalousie :
Tout ce qui l'approchoit vouloit me l'enlever,
Tout ce qui luy parloit cherchoit a m'en priver,
Je tremblois qu'á leurs yeux elle ne fust trop belle,
Je les haïssois tous comme plus dignes d'elle,
Et ne pouvois souffrir qu'on s'enrichist d'un bien,
Que j'enviois á tous sans y prétendre rien.
Quel supplice d'aimer un objet adorable,
Et de tant de rivaux se voir le moins aimable !
D'aimer plus qu'eux ensemble, & n'oser de ses feux,
Quelques ardents qu'ils soient, se promettre autant
  qu'eux!
On auroit deviné mon amour par ma peine,
Si la peur que j'en eus n'avoit fuy tant de gesne ;
L'Auguste Pulchérie avoit beau me ravir,
J'attendois á la voir qu'il la fallust servir.

Je fis plus, de Léon j'appuyay l'espérance,
La Princesse l'aima, j'en eus la confiance,
Et la dissuaday de se donner à luy,
Qu'il ne fust de l'Empire, ou le maistre, ou l'appuy.
Ainsi pour éviter un Hymen si funeste,
Sans rendre heureux Léon je détruisois le reste,
Et mettant un long terme au succès de l'amour,
J'esperois de mourir avant ce triste jour.
   Nous y voilà, ma fille, & du moins j'ay la joye
D'avoir à son triomphe ouvert l'unique voye,
J'en mourray du moment qu'il recevra sa foy;
Mais dans cette douceur qu'ils tiendront tout de
   moy,
   J'ay caché si long-temps l'ennuy qui me dévore,
Qu'en dépit que j'en aye enfin il s'évapore,
L'aigreur en diminuë à te le raconter,
Fais-en autant du tien, c'est mon tour d'écouter.
JUSTINE.
Seigneur, un mot suffit pour ne vous en rien taire,
Le méme Astre a veu naistre, & la fille, & le pére,
Ce mot dit tout. Souffrez qu'une imprudente ardeur
Preste à s'évaporer respecte ma pudeur.
   Je suis jeune, & l'amour trouvoit une ame tendre,
Qui n'avoit ny le soin, ny l'art de se défendre:
La Princesse qui m'aime & m'ouvroit ses secrets
Luy prétoit contre moy d'inévitables traits,
Et toutes les raisons dont s'appuyoit sa flame
Etoient autant de dards qui me traversoient l'ame.
Je pris sans y penser son exemple pour loy;
Un Amant digne d'elle est trop digne de moy,
Disois-je, & s'il brûloit pour moy comme pour elle,
Avec plus de bonté je recevrois son zèle.
Plus elle m'en peignoit les rares qualitez,
Plus d'une douce erreur mes sens étoient flatez,
D'un illustre avenir l'infaillible préfage
Qu'on voit si hautement écrit sur son visage,

COMEDIE HEROIQUE.

Son nom que je voyois croiſtre de jour en jour,
Pour moy comme pour elle étoient dignes d'amour.
Je les voyois d'accord d'un heureux Hyménée,
Mais nous n'en étions pas encor á la journée :
Quelque obstacle impréveu rompra de si doux
    nœuds,
Ajoûtois-je, & le temps éteint les plus beaux feux
C'eſt ce que m'inspiroit l'aimable réverie,
Dont jusqu'á ce grand jour ma flame s'eſt nourrie :
Mon cœur qui ne vouloit desespérer de rien
S'en faiſoit á toute heure un charmant entretien.
  Qu'on réve avec plaiſir quand noſtre ame bleſſée
Autour de ce qu'elle aime eſt toute ramaſſée!
Vous le ſçavez, Seigneur, & comme á tous propos
Un doux je ne ſçay quoy trouble noſtre repos,
Un ſommeil inquiet ſur de confus nüages
Eléve inceſſamment de flateuſes images,
Et ſur leur vain rapport fait naiſtre des ſouhaits,
Que le réveil admire, & ne dédit jamais.
  Ainſi près de tomber dans un malheur extrème
J'en écartois l'idée en m'abuſant moy-meſme :
Mais il faut renoncer á des abus ſi doux,
Et je me voy, Seigneur, au meſme état que vous.

MARTIAN.

Tu peux aimer ailleurs, & c'eſt un avantage
Que n'oſe ſe permettre un amant de mon âge.
Choiſi qui tu voudras, je ſçauray l'obtenir ;
Mais écoutons Aspar que j'aperçoy venir.

SCENE II.

MARTIAN, ASPAR, JUSTINE.

ASPAR.

Seigneur, voftre fuffrage a réuny les noftres,
Voftre voix a plus fait que n'auroient fait cent
    autres;
Mais j'apprens qu'on murmure, & doute fi le choix
Que fera la Princeffe aura toutes les voix.

MARTIAN.

Et qui fait préfumer de fon incertitude
Qu'il aura quelque chofe ou d'amer, ou de rude?

ASPAR.

Son amour pour Léon, elle en fait fon époux,
Aucun n'en veut douter.

MARTIAN.

    Je le croy comme eux tous;
Qu'y trouve-t'on à dire, & quelle défiance...

ASPAR.

Il eft jeune, & l'on craint fon peu d'expérience.
Confidérez, Seigneur, combien c'eft hazarder.
Qui n'a fait qu'obeir fçaura mal commander,
On n'a point veu fous luy d'Armée, ou de Province.

MARTIAN.

Jamais un bon Sujet ne devint mauvais Prince,
Et fi le Ciel en luy répond mal à nos vœux,
L'Augufte Pulchérie en fçait affez pour deux.
Rien ne nous furprendra de voir la mefme chofe
Où nos yeux fe font faits quinze ans fous Théo-
    dofe;

COMEDIE HEROIQUE.

C'étoit un Prince foible, un esprit mal tourné,
Cependant avec elle il a bien gouverné.
ASPAR.
Cependant nous voyons six Généraux d'Armée,
Dont au commandement l'ame est accoûtumée.
Voudront-ils recevoir un ordre Souverain
De qui l'a jusqu'icy toujours pris de leur main ?
Seigneur, il est bien dur de se voir sous un maistre,
Dont on le fut toujours, & dont on devroit l'estre.
MARTIAN.
Et qui m'asseurera que ces six Généraux
Se réuniront mieux sous un de leurs égaux ?
Plus un pareil mérite aux grandeurs nous appelle,
Et plus la jalousie aux Grands est naturelle.
ASPAR.
Je les tiens réunis, Seigneur, si vous voulez,
Il est, il est encor des noms plus signalez,
J'en sçay qui leur plairoient, & s'il vous faut plus dire,
Advoüez en mon zèle, & ie vous fais élire.
MARTIAN.
Moy, Seigneur, dans un aage où la tombe m'attend!
Un maistre pour deux jours n'est pas ce qu'on prétend,
Je sçay le poids d'un sceptre, & connoy trop mes forces,
Pour estre encor sensible à ces vaines amorces.
Les ans qui m'ont usé l'esprit comme le corps
Abatroient tous les deux sous les moindres efforts ;
Et ma mort que par là vous verriez avancée
Rendroit à tant d'égaux leur prémiére pensée,
Et feroit une triste & prompte occasion
De rejetter l'Etat dans la division.
ASPAR.
Pour eviter les maux qu'on en pourroit attendre,
Vous pourriez partager vos soins avec un gendre,

PULCHERIE.

L'instaler dans le trofne, & le nommer Céfar.

MARTIAN.

Il faudroit que ce gendre euſt les vertus d'Aspar,
Mais vous aimez ailleurs, & ce feroit un crime
Que de rendre infidelle un cœur ſi magnanime.

ASPAR.

J'aime, & ne me fens pas capable de changer;
Mais d'autres vous diroient, que pour vous foulager,
Quand leur amour iroit jusqu'à l'idolatrie,
Ils le facrifîroient au bien de la Patrie.

JUSTINE.

Certes qui m'aimeroit pour le bien de l'Etat
Ne me trouveroit pas, Seigneur, un cœur ingrat,
Et je luy rendrois grace au nom de tout l'Empire:
Mais vous étes conſtant, & s'il vous faut plus dire,
Quoy que le bien public jamais puiſſe éxiger,
Ce ne ſera pas moy qui vous feray changer.

MARTIAN.

Revenons á Léon. J'ay peine á bien comprendre
Quels malheurs d'un tel choix nous aurions lieu d'at-
 tendre.
Quiconque vous verra le mary de ſa ſœur,
S'il ne le craint aſſez, craindra ſon defenſeur,
Et ſi vous me contez encor pour quelque choſe,
Mes conſeils agiront comme fous Théodoſe.

ASPAR.

Nous en pourrons tous deux avoir le dementy.

MARTIAN.

C'eſt á faire á péxir pour le meilleur party,
Il ne m'en peut coûter qu'une mourante vie,
Que l'aage & ſes chagrins m'auront bien-toſt ravie.
 Pour vous, qui d'un autre œil regardez ce dan-
 ger,
Vous avez plus á vivre, & plus á ménager,
Et je n'empeſche pas qu'auprès de la Princeſſe
Voſtre zèle n'éclate autant qu'il s'intéreſſe.

Vous

Vous pouvez l'avertir de ce que vous croyez,
Luy dire de ce choix ce que vous prévoyez,
Luy propofer fans fard celuy qu'elle doit faire;
La vérité luy plaift, & vous pourrez luy plaire :
Je changeray comme elle alors de fentiments,
Et tiens mon ame prefte á fes commandements.
ASPAR.
Parmy les véritez il en eft de certaines
Qu'on ne dit point en face aux teftes Souveraines,
Et qui veulent de nous un tour, un Ascendant,
Qu'aucun ne peut trouver qu'un Ministre prudent.
Vous ferez mieux valoir ces marques d'un vray zèle,
M'en ouvrant avec vous, je m'acquite envers elle,
Et n'ayant rien de plus qui m'améne en ce lieu,
Je vous en laiffe maiftre, & me retire. Adieu.

SCENE III.

MARTIAN, JUSTINE.

MARTIAN.

LE dangereux esprit ! & qu'avec peu de peine
Il manqueroit d'amour & de foy pour Iréne !
Des rivaux de Léon il eft le plus jaloux,
Et roule des projets qu'il ne dit pas á tous.
JUSTINE.
Il n'a pour but, Seigneur, que le bien de l'Empire.
Détrofnez la Princeffe, & faites vous élire,
C'eft un Amant pour moy que je n'attendois pas,
Qui vous foulagera du poids de tant d'Etats.

MARTIAN.

C'est un homme, & je veux qu'un jour il t'en souvienne,
C'est un homme á tout perdre á moins qu'on le prévienne.
Mais Léon vient déja nous vanter son bon-heur.
Arme-toy de constance, & prépare un grand cœur,
Et quelque émotion qui trouble ton courage,
Contre tout son desordre affermy ton visage.

SCENE IV.

LEON, MARTIAN, JUSTINE.

LEON.

L'Auriez-vous creu jamais, Seigneur, je suis perdu.

MARTIAN.

Seigneur, que dites-vous ? ay-je bien entendu ?

LEON.

Je le suis sans ressource, & rien plus ne me flate,
J'ay reveu Pulchérie, & n'ay veu qu'une ingrate ;
Quand je croy l'acquérir, c'est lors que je la perds,
Et me détruis moy-mesme alors que je la sers.

MARTIAN.

Expliquez-vous, Seigneur, parlez en confiance,
Fait elle un autre choix ?

LEON.

Non, mais elle balance,
Elle ne me veut pas encor desespérer,
Mais elle prend du temps pour en délibérer.

COMEDIE HEROIQUE.

Son choix n'est plus pour moy puisqu'elle le différe,
L'Amour n'est point le maistre alors qu'on délibére,
Et je ne sçaurois plus me promettre sa foy,
Moy qui n'ay que l'Amour qui luy parle pour moy.
Ah Madame...

JUSTINE.
Seigneur.

LEON.
Auriez-vous pu le croire?

JUSTINE.
L'amour qui délibére est seur de sa victoire,
Et quand d'un vray mérite il s'est fait un appuy
Il n'est point de raisons qui ne parlent pour luy.
Souvent il aime à voir un peu d'impatience,
Et feint de réculer lors que plus il avance,
Ce moment d'amertume en rend les fruits plus doux,
Aimez, & laissez faire une ame toute à vous.

LEON.
Toute à moy! mon malheur n'est que trop véritable,
J'en ay préveu le coup, je le sens qui m'accable.
Plus elle m'asseuroit de son affection,
Plus je me faisois peur de son ambition,
Je ne sçavois des deux quelle étoit la plus forte :
Mais il n'est que trop vray, l'ambition l'emporte,
Et si son cœur encor luy parle en ma faveur,
Son trosne me dédaigne en dépit de son cœur.
Seigneur, parlez pour moy, parlez pour moy,
Madame,
Vous pouvez tout sur elle, & lisez dans son ame,
Peignez luy bien mes feux, retracez luy les siens,
Rappellez dans son cœur leurs plus doux entretiens,
Et si vous concevez de quelle ardeur je l'aime,
Faites luy souvenir qu'elle m'aimoit de mesme.
Elle mesme a brigué pour me voir Souverain,
J'étois sans ce grand titre indigne de sa main;

C

Mais si je ne l'ay pas, ce tître qui l'enchanté,
Seigneur, á qui tient-il qu'á son humeur changeante?
Son orgueil contre moy doit-il s'en prévaloir,
Quand pour me voir au trosne elle n'a qu'á vouloir?
Le Sénat n'a pour elle appuyé mon suffrage,
Qu'afin que d'un beau feu ma Grandeur fust l'ouvrage,
Il sçait depuis quel temps il luy plaist de m'aimer,
Et quand il l'a nommée, il a creu me nommer.
Allez, Seigneur, allez empescher son parjure,
Faites qu'un Empereur soit vostre Créature.
Que je vous céderois ce grand tître aisément,
Si vous pouviez sans luy me rendre heureux amant!
Car enfin mon amour n'en veut qu'á sa personne,
Et n'a d'ambition que ce qu'on m'en ordonne.

MARTIAN.

Nous allons, & tous deux, Seigneur, luy faire voir
Qu'elle doit mieux user de l'absolu pouvoir.
Modérez cependant l'excès de vostre peine,
Remettez vos esprits dans l'entretien d'Iréne.

LEON.

D'Iréne? & ses conseils m'ont trahy, m'ont perdu.

MARTIAN.

Son zèle pour un frére a fait ce qu'il a dû,
Pouvoit-elle prévoir cette supercherie
Qu'a faite á vostre amour l'orgueil de Pulchérie?
J'ose en parler ainsi, mais ce n'est qu'entre nous.
Nous luy rendrons l'esprit plus traitable & plus doux,
Et vous rapporterons son cœur & ce grand tître.
Allez,

LEON.

Entre-elle & moy que n'étes vous l'arbitre!

Adieu, c'est de vous seuls que je puis recevoir.
Dequoy garder encor quelque reste déspoir.

SCENE V.

MARTIAN, JUSTINE.

MARTIAN.

Justine, tu le vois, ce bienheureux obstacle,
Dont ton amour sembloit pressentir le miracle.
Je ne te défens point en cette occasion
De prendre un peu d'espoir sur leur division,
Mais garde toy d'avoir une ame assez hardie,
Pour faire á leur amour la moindre perfidie.
Le mien de ce revers s'applique tant de part,
Que j'espére en mourir quelques momens plus tard ;
Mais de quel front enfin leur donner á connoistre
Les périls d'un amour que nous avons veu naistre,
Dont nous avons tous deux été les confidens,
Et peut estre formé les traits les plus ardents?
De tous leurs déplaisirs c'est nous rendre coupables
Servons les en amis, en amants véritables,
Le véritable amour n'est point intéressé.
Allons, j'acheveray comme j'ay commencé,
Suy l'exemple, & fay voir qu'une ame généreuse
Trouve dans sa vertu dequoy se rendre heureuse,
D'un sincére devoir fait son unique bien,
Et jamais ne s'expose á se reprocher rien.

Fin du second Acte.

ACTE III.
SCENE PREMIERE.

PULCHERIE, MARTIAN, JUSTINE.

PULCHERIE.

JE vous ay dit mon ordre. Allez, Seigneur, de grace
Sauver mon triste cœur du coup qui le menace,
Mettez tout le Sénat dans ce cher intérest.

MARTIAN.

Madame, il sçait assez combien Léon vous plaist,
Et le nomme assez haut, alors qu'il vous défére
Un choix que vostre amour vous a déja fait faire.

PULCHERIE.

Que ne m'en fait il donc une obligeante loy ?
Ce n'est pas le choisir que s'en remettre à moy,
C'est attendre l'issuë à couvert de l'orage :
Si l'on m'en applaudit, ce sera son ouvrage,
Et si j'en suis blasmée, il n'y veut point de part.
En doute du succés il en fuit le hazard,
Et lors que je l'en veux garand vers tout le monde,
Il veut qu'à l'Univers moy seule j'en réponde.
Ainsi m'abandonnant au choix de mes souhaits,
S'il est des mécontents, moy seule je les fais,
Et je devray moy seule appaiser le murmure
De ceux á qui ce choix semblera faire injure,

COMEDIE HEROIQUE.

Prévenir leur révolte, & calmer les mutins
Qui porteront envie á nos heureux destins.
MARTIAN.
Aspar vous aura veuë, & cette ame chagrine...
PULCHERIE.
Il m'a veuë, & j'ay veu quel chagrin le domine,
Mais il n'a pas laissé de me faire juger
Du choix que fait mon cœur quel sera le danger.
Il part de bons avis quelquefois de la haine,
On peut tirer du fruit de tout ce qui fait peine ;
Et des plus grands desseins qui veut venir á bout
Préte l'oreille á tous, & fait profit de tout.
MARTIAN.
Mais vous avez promis, & la foy qui vous lie...
PULCHERIE.
Je suis Impératrice, & j'étois Pulchérie.
De ce trosne ennemy de mes plus doux souhaits
Je regarde l'Amour comme un de mes Sujets :
Je veux que le respect qu'il doit á ma Couronne
Repousse l'attentat qu'il fait sur ma personne,
Je veux qu'il m'obeïsse au lieu de me trahir,
Je veux qu'il donne á tous l'éxemple d'obeïr,
Et jalouse déja de mon pouvoir suprême,
Pour l'affermir sur tous je le prens sur moy mesme.
MARTIAN.
Ainsi donc ce Léon qui vous étoit si cher...
PULCHERIE.
Je l'aime d'autant plus qu'il m'en faut détacher.
MARTIAN.
Seroit-il á vos yeux moins digne de l'Empire,
Qu'alors que vous pressiez le Sénat de l'élite ?
PULCHERIE.
Il falloit qu'on le vist des yeux dont je le voy,
Que de tout son mérite on convinst avec moy,
Et que par une estime éclatante & publique
On mist l'Amour d'accord avec la Politique.

C iiij

J'aurois déja remply l'espoir d'un si beau feu,
Si le choix du Sénat m'en eust donné l'aveu,
J'aurois pris le party dont il me faut défendre,
Et si jusqu'á Léon je n'ose plus descendre,
Il m'étoit glorieux, le voyant Souverain,
De remonter au trosne en luy donnant la main.
MARTIAN.
Vostre cœur tiendra bon pour luy contre tous autres.
PULCHERIE.
S'il a ces sentimens, ce ne sont pas les vostres,
Non, Seigneur, c'est Léon, c'est son juste cou-
   roux,
Ce sont ses déplaisirs qui s'expliquent par vous.
Vous prétez vostre bouche, & n'étes pas capable
De donner á ma gloire un conseil qui l'accable.
MARTIAN.
Mais ses rivaux ont ils plus de mérite?
PULCHERIE.
                                        Non,
Mais ils ont plus d'employ, plus de rang, plus de nom,
Et si de ce grand choix ma flame est la maîtresse,
Je commence á régner par un trait de foiblesse.
MARTIAN.
Et tenez-vous fort seur qu'une legéreté
Donnera plus d'éclat á vostre Dignité?
Pardonnez moy ce mot, s'il a trop de franchise,
Le Peuple aura peut-estre une ame moins soumise:
Il aime á censurer ceux qui luy font la loy,
Et vous reprochera jusqu'au manque de foy.
PULCHERIE.
Je vous ay déja dit ce qui m'en justifie,
Je suis Impératrice, & j'étois Pulchérie.
J'ose vous dire plus. Léon a des jaloux,
Qui n'en font pas, Seigneur, mesme estime, que nous.
Pour surprenant que soit l'essay de son courage,
Les vertus d'Empereur ne sont point de son âge,

Il est jeune, & chez eux c'est un si grand defaut,
Que ce mot prononcé détruit tout ce qu'il vaut.
Si donc j'en fais le choix, je paroistray le faire
Pour régner sous son nom ainsi que sous mon frére:
Vous mesme qu'ils ont veu sous luy dans un employ,
Où vos conseils régnoient autant & plus que moy,
Ne donnerez-vous point quelque lieu de vous dire
Que vous n'aurez voulu qu'un fantosme á l'Empire,
Et que dans un tel choix vous vous serez flaté
De garder en vos mains toute l'authorité?

MARTIAN.

Ce n'est pas mon dessein, Madame, & s'il faut dire
Sur le choix de Léon ce que le Ciel m'inspire,
Dès cet heureux moment qu'il sera vostre époux,
J'abandonne Byzance, & prens congé de vous,
Pour aller dans le calme & dans la solitude
De la mort qui m'attend faire l'heureuse étude.
  Voilà comme j'aspire á gouverner l'Etat.
Vous m'avez commandé d'assembler le Sénat;
J'y vay, Madame.

PULCHERIE.

  Quoy! Martian m'abandonne
Quand il faut sur ma teste affermir la Couronne!
Luy de qui le grand cœur, la prudence, la foy...

MARTIAN.

Tout le prix que j'en veux, c'est de mourir á moy.

SCENE II.

PULCHERIE, JUSTINE.

PULCHERIE.

Que me dit-il, Justine, & de quelle retraite
Ose-t'il menacer l'Hymen qu'il me souhaite ?
De Léon près de moy ne se fait il l'appuy,
Que pour mieux dédaigner de me servir sous luy ?
Le hait-il ? le craint-il ? & par quelle autre cause.

JUSTINE.

Qui que vous épousiez, il voudra mesme chose.

PULCHERIE.

S'il étoit dans un âge à prétendre ma foy,
Comme il seroit de tous le plus digne de moy,
Ce qu'il donne à penser auroit quelque apparence,
Mais les ans l'ont dû mettre en entiére asseurance.

JUSTINE.

Que sçavons-nous, Madame ? Est-il dessous les Cieux
Un cœur impénétrable au pouvoir de vos yeux ?
Ce qu'ils ont d'habitude à faire des conquestes
Trouve à prendre vos fers les ames toujours prestes,
L'âge n'en met aucune à couvert de leurs traits:
Non que sur Martian j'en sçache les effets ;
Il m'a dit comme à vous que ce grand Hyménée
L'envoira loin d'icy finir sa Destinée,
Et si j'ose former quelque soupçon confus,
Je parle en général, & ne sçay rien de plus.
Mais pour vostre Léon, êtes-vous résoluë
A le perdre aujourd'huy de puissance absoluë ?

Car ne l'épouser pas c'est le perdre en effet.
PULCHERIE.
Pour te montrer la gesne où son nom seul me met,
Souffre que je t'explique en faveur de sa flame
La tendresse du cœur après la grandeur d'ame.
Léon seul est ma joye, il est mon seul desir,
Je n'en puis choisir d'autre, & n'ose le choisir,
Depuis trois ans unie à cette chére idée
J'en ay l'ame à toute heure, en tous lieux obsédée,
Rien n'en détachera mon cœur que le trépas:
Encor après ma mort n'en répondrois-je pas,
Et si dans le tombeau le Ciel permet qu'on aime,
Dans le fonds du tombeau je l'aimeray de mesme.
Trosne qui m'éblouïs, titres qui me flatez,
Pourrez-vous me valoir ce que vous me coûtez,
Et de tout vostre orgueil la pompe la plus haute.
A-t'elle un bien égal à celuy qu'elle m'oste ?
JUSTINE.
Et vous pouvez penser à prendre un autre époux ?
PULCHERIE.
Ce n'est pas, tu le sçais, à quoy je me résous.
Si ma gloire à Léon me défend de me rendre,
De tout autre que luy l'amour sçait me défendre.
Qu'il est fort, cet amour ! sauve m'en, si tu peux,
Voy Léon, parle luy, dérobe moy ses vœux:
M'en faire un prompt larcin c'est me rendre un ser-
vice,
Qui sçaura m'arracher des bords du précipice :
Je le crains, je me crains, s'il n'engage sa foy,
Et je suis trop à luy tant qu'il est tout à moy.
Sens tu d'un tel effort ton amitié capable ?
Ce Héros n'a-t'il rien qui te paroisse aimable ?
Au pouvoir de tes yeux j'uniray mon pouvoir,
Parle, que résous-tu de faire?
JUSTINE.
Mon devoir.

PULCHERIE.

Je sors d'un sang, Madame, á me rendre assez vain
Pour attendre un époux d'une main Souveraine,
Et n'ayant point d'amour que pour ma liberté,
S'il la faut immoler á vostre seureté,
J'oseray... mais voicy ce cher Léon. Madame,
Voulez vous...

PULCHERIE.

Laisse-moy consulter mieux mon ame,
Je ne sçay pas encor trop bien ce que je veux,
Attens un nouvel ordre, & suspens tous tes vœux.

SCENE III.

PULCHERIE, LEON, JUSTINE.

PULCHERIE.

Seigneur, qui vous raméne? est-ce l'impatience
D'adjouster á mes maux ceux de vostre presence,
De livrer tout mon cœur a de nouveaux combats,
Et souffray-je trop peu quand je ne vous voy pas ?

LEON.

Je viens sçavoir mon sort.

PULCHERIE.

N'en soyez point en doute,
Je vous aime, & nous plains. C'est là me peindre toute,
C'est tout ce que je sens ; & si vostre amitié
Sentoit pour mes malheurs quelque trait de pitié,
Elle m'épargneroit cette fatale veuë,
Qui me perd, m'assassine, & vous mesme vous tuë.

LEON.

Vous m'aimez, dites-vous ?

COMEDIE HEROIQUE.
PULCHERIE.
Plus que jamais.
LEON.
Hélas!
Je souffrirois bien moins si vous ne m'aimiez pas.
Pourquoy m'aimer encor seulement pour me plaindre?
PULCHERIE.
Comment cacher un feu que je ne puis éteindre?
LEON.
Vous l'étouffez du moins sous l'orgueil scrupuleux
Qui fait seul tous les maux dont nous mourons tous deux.
Ne vous en plaignez point, le vostre est volontaire,
Vous n'avez que celuy qu'il vous plaist de vous faire,
Et ce n'est pas pour estre aux termes d'en mourir,
Que d'en pouvoir guérir dès qu'on s'en veut guérir.
PULCHERIE.
Moy seule je me fais les maux dont je soupire!
A-ce été sous mon nom que j'ay brigué l'Empire?
Ay-je employé mes soins, mes amis que pour vous?
Ay-je cherché par là qu'à vous voir mon époux?
Quoy! Vostre déférence á mes efforts s'oppose,
Elle rompt mes projets, & seule j'en suis cause!
M'avoir fait obtenir plus qu'il ne m'étoit deu,
C'est ce qui m'a perduë, & qui vous a perdu.
Si vous m'aimiez, Seigneur, vous me deviez mieux croire,
Ne pas intéresser mon devoir & ma gloire;
Ce sont deux ennemis que vous nous avez faits,
Et que tout nostre amour n'appaisera jamais.
Vous m'accablez en vain de soupirs, de tendresse,
En vain mon triste cœur en vos maux s'intéresse,
Et vous rend en faveur de nos communs desirs
Tendresse pour tendresse, & soupirs pour soupirs,
Lors qu'à des feux si beaux je rens cette justice,
C'est l'Amante qui parle, oyez l'Impératrice.

Ce titre est vostre ouvrage, & vous me l'avez dit,
D'un service si grand vostre espoir s'applaudit,
Et s'est fait en aveugle un obstacle invincible,
Quand il a crû se faire un succès infaillible.
Appuyé de mes soins, asseuré de mon cœur,
Il falloit m'apporter la main d'un Empereur,
M'élever jusqu'á vous en heureuse Sujette,
Ma joye étoit entiére & ma gloire parfaite.
Mais puis-je avec ce nom mesme chose pour vous ?
Il faut nommer un maistre, & choisir un époux,
C'est la loy qu'on m'impose, ou plûtost c'est la peine
Qu'on attache aux douceurs de me voir Souveraine.
Je sçay que le Sénat d'une commune voix
Me laisse avec respect la liberté du choix,
Mais il attend de moy celuy du plus grand homme
Qui respire aujourd'huy dans l'une & l'autre Rome.
Vous l'étes, j'en suis seure, & toutefois, hélas!
Un jour on le croira, mais...

LEON.

On ne le croit pas,
Madame, il faut encor du temps & des services;
Il y faut du Destin quelques heureux caprices,
Et que la Renommée instruite en ma faveur
Séduisant l'Univers impose á ce grand cœur.
Cependant admirez comme un Amant se flate.
J'avois creu vostre gloire un peu moins délicate,
J'avois creu mieux répondre á ce que je vous doy
En tenant tout de vous, qu'en vous l'offrant en moy,
Et qu'auprès d'un objet que l'amour sollicite
Ce mesme amour pour moy tiendroit lieu de mérite.

PULCHERIE.

Ouy, mais le tiendra-t'il auprès de l'Univers
Qui sur un si grand choix tient tous ses yeux ouverts ?
Peut-estre le Sénat n'ose encor vous élire,
Et si je m'y hazarde, osera m'en dédire,

Peut-estre qu'il s'apreste á faire ailleurs sa Cour
Du honteux desaveu qu'il garde à nostre amour:
Car, ne nous flatons point, ma gloire inéxorable
Me doit au plus illustre, & non au plus aimable,
Et plus ce rang m'éléve,& plus sa Dignité
M'en fait avec hauteur une nécessité.
LEON.
Rabatez ces hauteurs où tout le cœur s'oppose,
Madame, & pour tous deux hazardez quelque
   chose:
Tant d'orgueil & d'amour ne s'accordent pas bien,
Et c'est ne point aimer que ne hazarder rien.
PULCHERIE.
S'il n'y faut que mon sang, je veux bien vous en
   croire,
Mais c'est trop hazarder qu'y hazarder ma gloire,
Et plus je ferme l'œil aux périls que j'y cours,
Plus je voy que c'est trop qu'y hazarder vos jours.
Ah! si la voix publique enfloit vostre espérance
Jusqu'á me demander pour vous la préférence,
Si des noms que la gloire á l'envy me produit
Le plus cher á mon cœur faisoit le plus de bruit,
Qu'aisément á ce bruit on me verroit souscrire,
Et remettre en vos mains ma personne & l'Em-
   pire!
Mais l'Empire vous fait trop d'illustres jaloux.
Dans le fond de ce cœur je vous préfére á tous,
Vous passez les plus grands, mais ils sont plus en
   veuë,
Vos vertus n'ont point eu toute leur étenduë,
Et le Monde éblouy par des noms trop fameux
N'ose espérer de vous ce qu'il présume d'eux.
  Vous aimez, vous plaisez, c'est tout auprès des
   femmes,
C'est par là qu'on surprend, qu'on enléve leurs
   ames,

Mais pour remplir un trofne & s'y faire estimer
Ce n'est pas tout, Seigneur, que de plaire & d'aimer.
La plus ferme couronnne est bien-tost ébranlée
Quand un effort d'amour semble l'avoir volée,
Et pour garder un rang si cher á nos desirs
Il faut un plus grand art que celuy des soûpirs.
Ne vous abaissez pas á la honte des larmes,
Contre un devoir si fort ce sont de foibles armes,
Et si de tels secours vous couronnoient ailleurs,
J'aurois pitié d'un sceptre acheté par des pleurs.

LEON.

Ah! Madame, aviez vous de si fiéres pensées
Quand vos bontez pour moy se sont interessées?
Me disiez-vous alors que le Gouvernement
Demandoit un autre art que celuy d'un Amant?
Si le Sénat eust joint ses suffrages au vostre,
J'en aurois parû digne, autant, ou plus qu'un autre,
Ce grand art de règner eust suivy tant de voix,
Et vous-mesme...

PULCHERIE.

Ouy, Seigneur, j'aurois suivy ce choix,
Seure que le Sénat jaloux de son suffrage
Contre tout l'Univers maintiendroit son ouvrage.
Tel contre vous & moy s'osera révolter,
Qui contre un si grand Corps craindroit de s'emporter,
Et méprisant en moy ce que l'amour m'inspire,
Respecteroit en luy le Démon de l'Empire.

LEON.

Mais l'offre qu'il vous fait d'en croire tous vos vœux...

PULCHERIE.

N'est qu'un refus moins rude, & plus respectueux.

LEON.

COMEDIE HEROIQUE.

LEON.

Quelles illusions de gloire Chimérique,
Quels farouches égards de dure Politique,
Dans ce cœur tout á moy, mais qu'en vain j'ay charmé,
Me font le plus aimable & le moins estimé?

PULCHERIE.

Arrêtez, mon amour ne vient que de l'estime.
Je vous vois un cœur grand, une vertu sublime,
Une ame, une valeur digne de mes Ayeux,
Et si tout le Sénat avoit les mesmes yeux...

LEON.

Laissons là le Sénat, & m'apprenez de grace,
Madame, à quel heureux je dois quitter la place,
Qui je dois imiter pour obtenir un jour
D'un orgueil souverain le prix d'un juste amour.

PULCHERIE.

J'auray peine á choisir. Choisissez le vous-mesme,
Cet heureux, & nommez qui vous voulez que j'aime.
Mais vous souffrez assez sans devenir jaloux.
J'aime, & si ce grand choix ne peut tomber sur vous,
Aucun autre du moins, quelque ordre qu'on m'en donne,
Ne se verra jamais maistre de ma personne :
Je le jure en vos mains, & j'y laisse mon cœur.
N'attendez rien de plus á moins d'estre Empereur,
Mais j'entens, Empereur, comme vous devez l'estre,
Par le choix d'un Sénat qui vous prenne pour maistre,
Qui d'un Etat si grand vous fasse le soûtien,
Et d'un commun suffrage authorise le mien.
Je le fais r'assembler exprés pour vous élire,
Ou me laisser moy seule á gouverner l'Empire,

Et ne plus m'asservir á ce dangereux choix,
S'il ne me veut pour vous donner toutes ses voix.
  Adieu, Seigneur, je crains de n'estre plus mai-
    stresse
De ce que vos regards m'inspirent de foiblesse,
Et que ma peine égale á vostre déplaisir
Ne couste á mon amour quelque indigne soupir.

SCENE IV.

LEON, JUSTINE.

LEON.

C'Est trop de retenuë, il est temps que j'éclate.
  Je ne l'ay point nommée ambitieuse, ingrate,
Mais le Sujet enfin va céder à l'Amant,
Et l'excès du respect au juste emportement.
Dites le moy, Madame, a-t'on veu perfidie
Plus noire au fond de l'ame, au dehors plus hardie ?
A t'on veu plus d'étude attacher la raison
A l'indigne secours de tant de trahison ?
Loin d'en baisser les yeux, l'orgueilleuse en fait
    gloire,
Elle nous l'ose peindre en illustre victoire,
L'honneur, & le devoir eux seuls la font agir,
Et m'étant plus fidelle, elle auroit á rougir.

JUSTINE.

La gesne qu'elle en souffre égale bien la vostre :
Pour vous elle renonce á choisir aucun autre,
Elle mesme en vos mains en a fait le serment.

LEON.

Illusion nouvelle, & pur amusement,

D

COMEDIE HEROÏQUE.

Il n'est, Madame, il n'est que trop de conjonctures
Où les nouveaux serments sont de nouveaux parjures,
Qui sçait l'art de régner les rompt avec éclat,
Et ne manque jamais de cent raisons d'Etat.
JUSTINE.
Mais si vous la piquiez d'un peu de jalousie,
Seigneur ? si vous brouilliez par là sa fantaisie ?
Son amour mal éteint pourroit vous rappeller,
Et sa gloire auroit peine à vous laisser aller.
LEON.
Me soupçonneriez-vous d'avoir l'ame assez basse
Pour employer la feinte à tromper ma disgrace ?
Je suis jeune, & j'en fais trop mal icy ma Cour,
Pour joindre à ce defaut un faux éclat d'amour.
JUSTINE.
L'agréable defaut, Seigneur, que la jeunesse !
Et que de vos jaloux l'importune sagesse,
Toute fiére qu'elle est, le voudroit racheter
De tout ce qu'elle croit, & croira mériter !
Mais si feindre en amour à vos yeux est un crime,
Portez sans feinte ailleurs vostre plus tendre estime,
Punissez tant d'orgueil par de justes dedains,
Et mettez vostre cœur en de plus seures mains.
LEON.
Vous voyez qu'à son rang elle me sacrifie,
Madame, & vous voulez que je la justifie !
Qu'après tous les mépris qu'elle montre pour moy,
Je luy prête un exemple à me voler sa foy !
JUSTINE.
Aimez à cela près, & sans vous mettre en peine
Si c'est justifier, ou punir l'inhumaine,
Songez que si vos vœux en étoient mal receus,
On pourroit avec joye accepter ses refus.
L'honneur qu'on se feroit à vous détacher d'elle
Rendroit cette conqueste & plus noble & plus belle.

PULCHERIE.
Plus il faut de mérite á vous rendre inconstant,
Plus en auroit de gloire un cœur qui vous attend ;
Car peut-estre en est il, que la Princesse mesme
Condamne á vous aimer dès que vous direz, j'aime.
Adieu, c'en est assez pour la prémiére fois.
LEON.
O Ciel ! délivre moy du trouble où tu me vois.

Fin du troisiesme Acte.

COMEDIE HEROIQUE.

ACTE IV.
SCENE PREMIERE.
JUSTINE, IRENE.

JUSTINE.

Non, voſtre cher Aspar n'aime point la Prin-
ceſſe,
Ce n'eſt que pour le rang que tout ſon cœur s'em-
preſſe;
Et ſi l'on euſt choiſi mon pére pour Céſar,
J'aurois déja les vœux de cet illustre Aspar.
Il s'en eſt expliqué tantoſt en ma preſence,
Et tout ce que pour elle il a de complaiſance,
Tout ce qu'il luy veut faire, ou craindre, ou dé-
daigner,
Ne doit eſtre imputé qu'à l'ardeur de régner.
Pulchérie a des yeux qui percent le myſtére,
Et le croit plus rival qu'amy de ce cher frére;
Mais comme elle balance, elle écoute aiſément
Tout ce qui peut d'abord flater ſon ſentiment.
Voilà ce que j'en ſçay.

IRENE.
     Je ne ſuis point ſurpriſe
De tout ce que d'Aspar m'apprend voſtre franchiſe.
Vous ne m'en dites rien que ce que j'en ay dit,
Lors qu'à Léon tantoſt j'ay dépeint ſon eſprit,

Et j'en ay pénétré l'ambition secrette,
Jusques á pressentir l'offre qu'il vous a faite.
　　Puisqu'en vain je m'attache á qui ne m'aime pas,
Il faut avec honneur franchir ce mauvais pas,
Il faut á son éxemple avoir ma Politique,
Trouver á ma disgrace une face héroïque,
Donner á de divorce une illustre couleur,
Et sous de beaux dehors dévorer ma douleur.
Dites-moy cependant, que deviendra mon frére?
D'un si parfait amour que faut-il qu'il espére?

JUSTINE.

On l'aime, & fortement & bien plus qu'on ne veut,
Mais pour s'en détacher on fait tout ce qu'on peut.
Faut-il vous dire tout? on m'a commandé mesme
D'essayer contre luy l'art & le stratagème.
On me devra beaucoup si je puis l'ébranler,
On me donne son cœur si je le puis voler,
Et déja pour essay de mon obeïssance
J'ay porté quelque attaque, & fait un peu d'avance.
Vous pouvez bien juger comme il a rebuté,
Fidelle amant qu'il est, cette importunité,
Mais pour peu qu'il vous plûst appuyer l'artifice,
Cet appuy tiendroit lieu d'un signalé service.

IRENE.

Ce n'est point un service á prétendre de moy,
Que de porter mon frére á garder mal sa foy;
Et quand á vous aimer j'aurois sçeu le réduire,
Quel fruit son changement pourroit-il luy pro-
　　duire?
Vous qui ne l'aimez point, pourriez-vous l'accepter?

JUSTINE.

Léon ne sçauroit estre un homme á rejetter,
Et l'on voit si souvent après la foy donnée
Naistre un parfait amour d'un pareil Hyménée,
Que si de son costé j'y voyois quelque jour,
J'espérerois bien-tost de l'aimer á mon tour.

COMEDIE HEROIQUE.

IRENE.
C'est trop, & trop peu dire. Est-il encor à naistre,
Cét amour? est-il né?

JUSTINE.
Cela pourroit bien estre.
Ne l'éxaminons point avant qu'il en soit temps,
L'occasion viendra peut-estre, & je l'attens.

IRENE.
Et vous servez Léon auprès de la Princesse?

JUSTINE.
Avec sincérité pour luy je m'intéresse,
Et si j'en étois creuë, il auroit le bonheur
D'en obtenir la main, comme il en a le cœur.
J'obéis cependant aux ordres qu'on me donne
Et souffrirois ses vœux, s'il perdoit la couronne.
Mais la Princesse vient.

SCENE II.

PULCHERIE, IRENE, JUSTINE.

PULCHERIE.
Que fait ce malheureux,
Irène?

IRENE.
Ce qu'on fait dans un sort rigoureux.
Il soupire, il se plaint.

PULCHERIE.
De moy?

IRENE.
De sa Fortune.

PULCHERIE.

Est-il bien convaincu qu'elle nous est commune,
Qu'ainsi de luy du sort j'accuse la rigueur ?

IRENE.

Je ne pénétre point jusqu'au fond de son cœur,
Mais je sçay qu'au dehors sa douleur vous respecte,
Elle se taist de vous.

PULCHERIE.

Ah qu'elle m'est suspecte!
Un modeste reproche á ses maux siéroit bien,
C'est me trop accuser que de n'en dire rien.
M'auroit-il oubliée, & déja dans son ame
Effacé tous les traits d'une si belle flame ?

IRENE.

C'est par là qu'il devroit soulager ses ennuis,
Madame, & de ma part j'y fais ce que je puis.

PULCHERIE.

Ah, ma flame n'est pas á tel point affoiblie,
Que je puisse endurer, Iréne, qu'il m'oublie.
Fay luy, fay luy plûtost soulager son ennuy
A croire que je souffre autant & plus que luy.
C'est une verité que j'ay besoin qu'il croye,
Pour mesler á mes maux quelque inutile joye;
Si l'on peut nommer joye une triste douceur,
Qu'un digne amour conserve en dépit du malheur.
L'ame qui l'a sentie en est toujours charmée,
Et mesme en n'aimant plus il est doux d'estre aimée.

JUSTINE.

Vous souvient-il encor de me l'avoir donné,
Madame ? & ce doux soin dont vostre esprit gesné...

PULCHERIE.

Souffre un reste d'amour qui me trouble & m'accable,
Je ne t'en ay point fait un don irrévocable.
Mais je te le redis, desrobe moy ses vœux,
Séduis, enléve-moy son cœur, si tu le peux.

J'ay

COMEDIE HEROIQUE.

J'ay trop mis á l'écart celuy d'Impératrice,
Reprenons avec luy ma gloire & mon supplice;
C'en est un, & bien rude, a moins que le Sénat
Mette d'accord ma flame & le bien de l'Etat.

IRENE.

N'est-ce point avilir vostre pouvoir suprème,
Que mendier ailleurs ce qu'il peut de luy-mesme?

PULCHERIE.

Iréne, il te faudroit les mesmes yeux qu'á moy,
Pour voir la moindre part de ce que je prévoy.
Epargne á mon amour la douleur de te dire
A quels troubles ce choix hazarderoit l'Empire,
Je l'ay déja tant dit, que mon esprit lassé
N'en sçauroit plus souffrir le portrait retracé.
Ton frére a l'ame grande, intrépide, sublime,
Mais d'un peu de jeunesse on luy fait un tel crime,
Que si tant de vertus n'ont que moy pour appuy,
En faire un Empereur c'est me perdre avec luy.

IRENE.

Quel ordre a pû du trosne exclurre la jeunesse?
Quel Astre á nos beaux jours enchaisne la foiblesse?
Les vertus, & non l'âge, ont droit á ce haut rang,
Et n'étoit le respect qu'imprime vostre sang,
Je dirois que Léon vaudroit bien Théodose.

PULCHERIE.

Sans doute, & toutefois ce n'est pas mesme chose.
Foible qu'étoit ce Prince á régir tant d'Etats,
Il avoit des appuis que ton frére n'a pas:
L'Empire en sa personne étoit héréditaire,
Sa naissance le tint d'un Ayeul & d'un pére,
Il régna dès l'enfance, & régna sans jaloux,
Estimé d'assez peu; mais obéy de tous.
Léon peut succéder aux droits de la Puissance,
Mais non-pas au bon-heur de cette Obeïssance,
Tant ce trosne où l'amour par ma main l'auroit mis
Dans mes prémiers Sujets luy feroit d'ennemis,

Tout ce qu'ont veu d'illustre & la paix, & la guer-
Aspire á ce grand nom de Maistre de la Terre, [re,
Tous regardent l'Empire ainsi qu'un bien commun,
Que chacun veut pour soy tant qu'il n'est á pas un.
Pleins de leur Renommée, enflez de leurs services,
Combien ce choix pour eux aura-t'il d'injustices,
Si ma flame obstinée, & ses odieux soins
L'arrestent sur celuy qu'ils estiment le moins ?
Léon est d'un mérite á devenir leur maistre,
Mais comme c'est l'amour qui m'aide á le connoistre,
Tout ce qui contre nous s'osera mutiner
Dira que je suis seule á me l'imaginer.

IRENE.

C'est donc en vain pour luy qu'on prie, & qu'on
    espére ?

PULCHERIE.

Je l'aime, & sa personne á mes yeux est bien chére,
Mais si le Ciel pour luy n'inspire le Sénat,
Je sacrifieray tout au bonheur de l'Etat.

IRENE.

Que pour vous imiter j'aurois l'ame ravie,
D'immoler á l'Etat le bonheur de ma vie!
Madame, ou de Léon faites nous un César,
Ou portez ce grand choix sur le fameux Aspar.
Je l'aime, & ferois gloire, en dépit de ma flame,
De faire un maistre á tous de celuy de mon ame,
Et pleurant pour le frére en ce grand changement,
Je m'en consolerois á voir régner l'Amant.
Des deux testes qu'au Monde on me voit les plus
    chéres
Elevez l'une, ou l'autre au trosne de vos péres,
Daignez...

PULCHERIE.

    Aspar seroit digne d'un tel honneur,
Si vous pouviez, Iréne, un peu moins sur son
    cœur.

COMEDIE HEROIQUE.

J'aurois trop á rougir si sous le nom de femme
Je le faisois régner sans régner dans son ame,
Si j'en avois le titre, & vous tout le pouvoir,
Et qu'entre nous ma Cour partageast son devoir.
IRENE.
Ne l'apréhendez pas, de quelque ardeur qu'il m'aime,
Il est plus à l'Etat, Madame, qu'à luy-mesme.
PULCHERIE.
Je le croy comme vous, & que sa passion
Regarde plus l'Etat, que vous, moy, ny Léon.
C'est vous entédre, Iréne, & vous parler sans feindre,
Je voy ce qu'il projette, & ce qu'il en faut craindre.
L'aimez vous?
IRENE.
Je l'aimay quand je creus qu'il m'aimoit,
Je voyois sur son front un air qui me charmoit;
Mais depuis que le temps m'a fait mieux voir sa flame,
J'ay presque éteint la mienne, & dégagé mon ame.
PULCHERIE.
Achevez, tel qu'il est, voulez-vous l'épouser?
IRENE.
Ouy, Madame, ou du moins le pouvoir refuser.
Après deux ans d'amour il y va de ma gloire,
L'affront seroit trop grand, & la tache trop noire;
Si dans la conjoncture où l'on est aujourd'huy
Il m'osoit regarder comme indigne de luy.
Ses desseins vont plus haut, & voyant qu'il vous aime,
Bien que peut-estre moins que vostre Diadème,
Je n'ay veu rien en moy qui le pûst retenir,
Et je ne vous l'offrois que pour le prévenir.
C'est ainsi que j'ay creu me mettre en asseurance
Par l'éclat généreux d'une fausse apparence,
Je vous cédois un bien que je ne puis garder,
Et qu'à vous seule enfin ma gloire peut ceder.
PULCHERIE.
Reposez-vous sur moy, Vostre Aspar vient.

SCENE III.

PULCHERIE, ASPAR, IRENE, JUSTINE.

ASPAR.

Madame,
Déja fur vos deffeins j'ay leu dans plus d'une ame,
Et croy de mon devoir de vous mieux avertir,
De ce que fur tous deux on m'a fait preffentir.
J'efpére pour Léon, & j'y fais mon poffible,
Mais j'en prévoy, Madame, un murmure infaillible,
Qui pourra fe borner á quelque émotion,
Et peut aller plus loin que la fédition.

PULCHERIE.

Vous en fçavez l'autheur : parlez qu'on le puniffe,
Que moy-mefme au Sénat j'en demande juftice.

ASPAR.

Peut-eftre eft-ce quelqu'un que vous pourriez choifir,
S'il vous falloit ailleurs tourner voftre defir,
Et dont le choix illuftre á tel point fçauroit plaire,
Que nous n'aurions á craindre aucun party contraire,
Comme á vous le nommer ce feroit fait de luy,
Ce feroit á l'Empire ofter un ferme appuy.
Et livrer un grand cœur á fa perte certaine,
Quand il n'eft pas encor digne de voftre haine.

PULCHERIE.

On me fait mal fa Cour avec de tels avis,
Qui fans nommer perfonne en nomment plus de dix.

COMEDIE HEROIQUE.

Je hay l'empressement de ces devoirs sincéres,
Qui ne jette en l'esprit que de vagues chiméres,
Et ne me presentant qu'un obscur avenir,
Me donne tout á craindre, & rien á prévenir.

ASPAR.

Le besoin de l'Etat est souvent un mystére
Dont la moitié se dit, & l'autre est bonne á taire.

PULCHERIE.

Il n'est souvent aussi qu'un pur fantosme en l'air
Que de secrets ressorts font agir & parler,
Et s'arreste où le fixe une ame prévenuë
Qui pour ses interests le forme & le remuë.
Des besoins de l'Etat si vous étes jaloux,
Fiez vous en á moy qui les voy mieux que vous.
Martian comme vous, á vous parler sans feindre,
Dans le choix de Léon voit quelque chose á craindre,
Mais il m'apprend de qui je dois me deffier,
Et je puis, si je veux, me le sacrifier.

ASPAR.

Qui nomme-t'il, Madame?

PULCHERIE.

Aspar, c'est un mystére
Dont la moitié se dit, & l'autre est bonne á taire.
Si l'on hait tant Léon, du moins réduisez vous
A faire qu'on m'admette á régner sans époux.

ASPAR.

Je ne l'obtiendray point, la chose est sans exemple.

PULCHERIE.

La matiére au vray zèle en est d'autant plus ample,
Et vous en montrerez de plus rares effets,
En obtenant pour moy ce qu'on n'obtint jamais.

ASPAR.

Ouy, mais qui voulez-vous que le Sénat vous donne,
Madame, si Léon...

PULCHERIE.
PULCHERIE.

Ou Léon, ou personne.
A l'un de ces deux points amenez les esprits.
Vous adorez Iréne, Iréne est vostre prix.
Je la laisse avez vous, afin que vostre zèle
S'allume á ce beau feu que vous avez pour elle.
Justine, Suivez-moy.

SCENE IV.
ASPAR, IRENE.

IRENE.

CE prix qu'on vous promet
Sur vostre ame, Seigneur, doit faire peu d'effet.
La mienne toute acquise á vostre ardeur sincére
Ne peut á ce grand cœur tenir lieu de salaire,
Et l'amour á tel point vous rend maistre du mien,
Que me donner á vous c'est ne vous donner rien.

ASPAR.
Vous dites vray, Madame, & du moins j'ose dire
Que me donner un cœur au dessous de l'Empire,
Un cœur qui me veut faire une honteuse loy,
C'est ne me donner rien qui soit digne de moy.

IRENE.
Indigne que je suis d'une foy si douteuse,
Vous fais-je quelque loy qui puisse estre honteuse?
Et si Léon devoit l'Empire á vostre appuy,
Luy qui vous y feroit le prémier d'après luy,
Auriez vous á rougir de l'en avoir fait maistre,
Seigneur, Vous qui voyez que vous ne pouvez l'estre?

COMEDIE HEROIQUE.

Mettez-vous, j'y confens au deſſus de l'amour,
Si pour monter au trofne il s'offre quelque jour;
Qu'á ce glorieux titre un amant ſoit volage,
Je puis l'en eſtimer, l'en aimer davantage,
Et voir avec plaiſir la belle ambition
Triompher d'une ardente & longue paſſion.
L'objet le plus charmant doit céder á l'Empire,
Régnez, j'en dédiray mon cœur, s'il en ſoupire.
Vous ne m'en croyez pas, Seigneur, & toutefois
Vous régneriez bien-toſt ſi l'on ſuivoit ma voix.
Apprenez á quel point pour vous je m'intéreſſe.
Je viens de vous offrir moy-meſme á la Princeſſe,
Et je ſacrifiois mes plus chéres ardeurs
A l'honneur de vous mettre au faiſte des grandeurs.
Vous ſçavez ſa réponſe, ou LEON, ou PERSONNE.

ASPAR.

C'eſt agir en Amante & genéreuſe, & bonne:
Mais ſeure d'un refus qui doit rompre le coup,
La généroſité ne coute pas beaucoup.

IRENE.

Vous voyez les chagrins où cette offre m'expoſe,
Et ne me voulez pas devoir la moindre choſe!
Ah! ſi j'oſois, Seigneur, vous appeler ingrat!

ASPAR.

L'offre ſans doute eſt rare, & feroit grand éclat;
Si pour mieux éblouyr vous aviez eu l'adreſſe
D'ébranler tant ſoit peu l'eſprit DE LA PRINCESSE.
Elle eſt Impératrice, & d'un ſeul, je le veux,
Elle peut de Léon faire un Monarque heureux:
Qu'a-t'il beſoin de moy, luy qui peut tout ſur elle?

IRENE.

N'inſultez point, Seigneur une flame ſi belle,
L'amour las de gémir ſous les raiſons d'Etat
Pourroit n'en croire pas tout a fait le Sénat.

E iiij

ASPAR.

L'amour n'a qu'á parler. Le Sénat, quoy qu'on pense,
N'aura que du respect & de la déference,
Et de l'air dont la chose á déja pris son cours,
Léon pourra se voir Empereur pour trois jours.

IRENE.

Trois jours peuvent suffire á faire bien des choses,
La Cour en moins de temps voit cent Métamorphoses,
En moins de temps un Prince á qui tout est permis
Peut rendre ce qu'il doit aux vrais & faux amis.

ASPAR.

L'amour qui parle ainsi ne paroît pas fort tendre,
Mais je vous aime assez pour ne vous pas entendre,
Et diray toutefois, sans m'en embarasser,
Qu'il est un peu bien-tost pour vous de menacer.

IRENE.

Je ne menace point, Seigneur, mais je vous aime
Plus que moy, plus encor que ce cher frére mesme.
L'amour tendre est timide, & craint pour son objet,
Dès qu'il luy voit former un dangereux projet.

ASPAR.

Vous m'aimez, je le croy, du moins cela peut estre;
Mais de quelle façon le faites-vous connoistre ?
L'amour inspire-t'il ce rare empressement
De voir régner un frére aux dépens d'un amant ?

IRENE.

Il m'inspire á regret la peur de vostre perte.
Regnez, je vous l'ay dit, la porte en est ouverte,
Vous avez du mérite, & je manque d'appas ;
Dédaignez, quittez-moy, mais ne vous perdez pas.
Pour le salut d'un frére ay-je si peu d'alarmes,
Qu'il y faille adjouster d'autres sujets de larmes ?

COMEDIE HEROIQUE.

C'eſt aſſez que pour vous j'oſe en vain ſoupirer,
Ne me réduiſez point, Seigneur, á vous pleurer.
ASPAR.
Gardez, gardez vos pleurs pour ceux qui ſont á plaindre,
Puiſque vous m'aimez tant, je n'ay point lieu de craindre.
Quelque peine qu'on doive á ma témérité,
Voſtre main qui m'attend fera ma ſeureté,
Et contre le couroux le plus inexorable
Elle me ſervira d'azile inviolable.
IRENE.
Vous la voudrez peut-eſtre, & la voudrez trop tard,
Ne vous expoſez point, Seigneur, á ce hazard,
Je doute ſi j'aurois toujours meſme tendreſſe,
Et pourrois de ma main n'eſtre pas la maîtreſſe.
Je vous parle ſans feindre, & ne ſçay point railler,
Lors qu'au ſalut commun il nous faut travailler.
ASPAR.
Et je veux bien auſſi vous répondre ſans feindre.
J'ay pour vous un amour á ne jamais s'éteindre,
Madame, & dans l'orgueil que vous meſme approuvez
L'amitié de Léon a ſes droits conſervez :
Mais ny cette amitié, ny cet amour ſi tendre,
Quelques ſoins, quelque effort qu'il vous en plaiſe attendre,
Ne me verront jamais l'eſprit perſüadé
Que je doive obéir á qui j'ay commandé,
A qui, ſi j'en puis croire un cœur qui vous adore,
J'auray droit, & long-temps, de commander encore.
Ma gloire qui s'oppoſe a cet abaiſſement
Trouve en tous mes égaux le meſme ſentiment.
Ils ont fait la Princeſſe arbitre de l'Empire,
Qu'elle épouſe Léon, tous ſont preſt d'y ſouſcrire,

PULCHERIE.
Mais je ne répons pas d'un long respect en tous,
A moins qu'il associe aussi-tost l'un de nous.
La chose est peu nouvelle, & je ne vous propose
Que ce que l'on a fait pour le grand Théodose :
C'est par là que l'Empire est tombé dans ce sang
Si fier de sa naissance & si jaloux du rang.
Songez sur cet éxemple á vous rendre justice,
A me faire Empereur pour estre Impératrice :
Vous avez du pouvoir, Madame, usez en bien,
Et pour vostre intérest attachez-vous au mien.

IRENE.
Léon dispose-t'il du cœur de la Princesse ?
C'est un cœur fier & grand, le partage la blesse,
Elle veut tout ou rien, & dans ce haut pouvoir
Elle éteindra l'amour plûtost que d'en déchoir.
Près d'elle avec le temps nous pourrons d'avantage
Ne pressons point, Seigneur, un si juste partage.

ASPAR.
Vous le voudrez peut-estre, & le voudrez trop tard,
Ne laissez point, long-temps nos destins au hazard,
J'attens de vostre amour cette preuve nouvelle,
Adieu, Madame.

IRENE.
Adieu, l'ambition est belle,
Mais vous n'étes, Seigneur, avec ce sentiment
Ny véritable amy, ny véritable amant.

Fin du quatriesme Acte.

ACTE V.
SCENE PREMIERE.
PULCHERIE, JUSTINE.

PULCHERIE.

JUstine, plus j'y penſe, & plus je m'inquiéte,
Je crains de n'avoir plus une amour ſi parfaite,
Et que ſi de Léon on me fait un époux,
Un bien ſi deſiré ne me ſoit plus ſi doux.
Je ne ſçay ſi le rang m'auroit fait changer d'ame,
Mais je tremble á penſer que je ſerois ſa femme,
Et qu'on n'épouſe point l'amant le plus chéry,
Qu'on ne ſe faſſe un maiſtre auſſi-toſt qu'un mary.
J'aimerois a régner avec l'indépendance
Que des vrais Souverains s'aſſeure la prudence,
Je voudrois que le Ciel inſpiraſt au Sénat
De me laiſſer moy ſeule á gouverner l'Etat,
De m'épargner ce maiſtre, & voy d'un œil d'envie
Toujours Sémiramis, & toujours Zénobie.
On triompha de l'une, & pour Sémiramis,
Elle uſurpa le nom & l'habit de ſon fils,
Et ſous l'obſcurité d'une longue tutelle
Cet habit & ce nom régnoient tous deux plus qu'elle:
Mais mon cœur de leur ſort n'en eſt pas moins ja-
    loux,
C'étoit régner en fin, & régner ſans époux,

PULCHERIE.

Le triomphe n'en fait qu'affermir la mémoire,
Et le déguisement n'en détruit point la gloire.

JUSTINE.

Que les choses bien-tost prendroient un autre tour,
Si le Sénat prenoit le party de l'amour,
Que bien-tost... Mais je vois Aspar avec mon
  pére.

PULCHERIE.

Sçachons d'eux quel destin le Ciel vient de me faire.

SCENE II.

MARTIAN, ASPAR, PULCHERIE, JUSTINE.

MARTIAN.

MAdame, le Sénat nous députe tous deux
Pour vous jurer encor qu'il suivra tous vos
  vœux ?
Après qu'entre vos mains il a remis l'Empire,
C'est faire un attentat que de vous rien prescrire,
Et son respect vous prie une seconde fois
De luy donner vous seule un maistre á vostre choix.

PULCHERIE.

Il pouvoit le choisir.

MARTIAN.

 Il s'en défend l'audace,
Madame, & sur ce point il vous demande grace.

PULCHERIE.

Pourquoy donc m'en fait-il une nécessité ?

MARTIAN.

Pour donner plus de force á vostre authorité.

COMEDIE HEROIQUE.
PULCHERIE.

Son zèle est grand pour elle, il faut le satisfaire
Et luy mieux obéïr qu'il n'a daigné me plaire.
 Sèxe, ton sort en moy ne peut se démentir,
Pour estre Souveraine il faut m'assujettir,
En montant sur le trosne entrer dans l'esclavage,
Et recevoir des loix de qui me rend hommage.
 Allez, dans quelques jours je vous feray sçavoir
Le choix que par son ordre aura fait mon devoir.

ASPAR.
Il tien droit á faveur & bien haute & bien rare
De le sçavoir, Madame, avant qu'il se sépare.

PULCHERIE.
Quoy, pas un seul moment pour en délibérer!
Mais je ferois un crime á le plus différer,
Il vaut mieux pour essay de ma toute-puissance
Montrer un digne effet de pleine obéïssance.
Retirez-vous, Aspar, vous aurez vostre tour.

SCENE III.

PULCHERIE, MARTIAN, JUSTINE.

PULCHERIE.

ON m'a dit que pour moy vous aviez de l'amour,
Seigneur, seroit-il vray?

MARTIAN.
                    Qui vous l'a dit, Madame?

PULCHERIE.
Vos services, mes yeux, le trouble de vostre ame,
L'éxil que mon Hymen vous devoit imposer.
Sont-ce-là des témoins, Seigneur, á récuser?

MARTIAN.

C'est donc á moy, Madame, á confesser mon crime,
L'amour naist aisément du zèle & de l'estime,
Et l'assidüité près d'un charmant objet
N'attend point nostre aveu pour faire son effet.
  Il m'est honteux d'aimer, il vous l'est d'estre aimée
D'un homme dont la vie est déja consumée,
Qui ne vit qu'á regret depuis qu'il a pû voir
Jusqu'où ses yeux charmez ont trahy son devoir.
Mon cœur qu'un si long aage en mettoit hors d'a-
        larmes
S'est veu livré par eux á ces dangereux charmes :
En vain, Madame, en vain je m'en suis défendu,
En vain j'ay sçeu me taire après m'estre rendu,
On m'a forcé d'aimer, on me force á le dire.
Depuis plus de dix ans je languis, je soupire,
Sans que de tout l'excès d'un si long déplaisir
Vous ayez pû surprendre une larme, un soupir ;
Mais enfin la langueur qu'on voit sur mon visage
Est encor plus l'effet de l'amour, que de l'aage.
Il faut faire un heureux, le jour n'en est pas loin ;
Pardonnez á l'horreur d'en estre le témoin,
Si mes maux & ce feu digne de vostre haine
Cherchent dans un éxil leur reméde & sa peine.
Adieu, vivez heureuse, & si tant de jaloux.

PULCHERIE.

Ne partez pas, Seigneur, je les tromperay tous,
Et puisque de ce choix aucun ne me dispense,
Il est fait, & de tel á qui pas un ne pense.

MARTIAN.

Quel qu'il soit, il sera l'Arrest de mon trépas,
Madame.

PULCHERIE.

            Encor un coup, ne vous éloignez pas,
Seigneur, jusques icy vous m'avez bien servie,
Vos lumiéres ont fait tout l'éclat de ma vie,

COMEDIE HEROIQUE. 65

La voſtre s'eſt uſée á me favoriſer.
Il faut encor plus faire, il faut...
MARTIAN.
Quoy ?
PULCHERIE.
M'épouſer.
MARTIAN.
Moy, Madame !
PULCHERIE.
Oüy, Seigneur, c'eſt le plus grand ſervice
Que vos ſoins puiſſent rendre á voſtre Impératrice.
Non qu'en m'offrant á vous je réponde á vos feux
Juſques á ſouhaiter des fils, & des neveux.
Mon Ayeul dont par tout les hauts faits retentiſſent
Voudra bien qu'avec moy ſes Deſcendans finiſſent,
Que j'en ſois la derniére, & ferme dignement
D'un ſi grand Empereur l'auguſte monument.
Qu'on ne prétende plus que ma gloire s'expoſe
A laiſſer des Céſars du ſang de Théodoſe;
Qu'ay-je affaire de race a me des-honorer,
Moy qui n'ay que trop veu ce ſang dégénérer,
Et que s'il eſt fécond en illuſtres Princeſſes
Dans les Princes qu'il forme il n'a que des foibleſſes.
Ce n'eſt pas que Léon choiſi pour Souverain
Pour me rendre á mon rang n'euſt obtenu ma main,
Mon amour á ce prix ſe fuſt rendu juſtice,
Mais puiſqu'on m'a ſans luy nommée Impératrice,
Je dois á ce haut rang d'aſſez nobles projets,
Pour n'admettre en mon lit aucun de mes Sujets.
Je ne veux plus d'époux, mais il m'en faut une om-
      bre
Qui des Céſars pour moy puiſſe groſſir le nombre,
Un mary qui content d'eſtre au deſſus des Rois
Me donne ſes clartez & diſpenſe mes loix,
Qui n'étant en effet que mon prémier miniſtre
Parce ce que ſous moy l'on craindroit de ſiniſtre,

Et pour tenir en bride un peuple sans raison
Paroisse mon époux, & n'en ait que le nom.
  Vous m'entendez, Seigneur, & c'est assez vous dire.
Prétez-moy vostre main, je vous donne l'Empire,
Eblouyssons le Peuple, & vivons entre nous,
Comme s'il n'étoit point d'épouses ny d'époux.
Si ce n'est posséder l'objet de vostre flame,
C'est vous rendre du moins le maistre de son ame,
L'oster á vos rivaux, vous mettre au dessus d'eux,
Et de tous mes amants vous voir le plus heureux.

MARTIAN.

Madame...

PULCHERIE.

  A vos hauts faits je doy ce grand salaire
Et j'acquite envers vous, & l'Etat, & mon frére.

MARTIAN.

Auroit on jamais creu, Madame...

PULCHERIE.

   Allez, Seigneur,
Allez en plein Sénat faire voir l'Empereur.
Il demeure assemblé pour recevoir son maistre,
Allez y de ma part vous faire reconnoistre;
Ou si vostre souhait ne répond pas au mien,
Faites grace á mon séxe, & ne m'en dites rien.

MARTIAN.

Souffrez qu'á vos genoux, Madame...

PULCHERIE.

   Allez, vous dy-je.
Je m'oblige encor plus que je ne vous oblige,
Et mon cœur qui vous vient d'ouvrir ses sentiments
N'en veut, ny de refus, ny de remerciments.

SCENE

SCENE IV.

PULCHERIE, ASPAR, JUSTINE.

PULCHERIE.

Faites rentrer Aspar. Que faites vous d'Iréne ?
Quand l'épouserez-vous ? Ce mot vous fait-il peine ?
Vous ne répondez point !

ASPAR.

Non, Madame, & je doy
Ce respect aux bontez que vous avez pour moy.
Qui se taist obéit.

PULCHERIE.

J'aime assez qu'on s'explique,
Les silences de Cour ont de la Politique,
Si tost que nous parlons, qui consent, applaudit,
Et c'est en se taisant que l'on nous contredit.
Le temps m'éclaircira de ce que je soupçonne.
Cepédãt j'ay fait choix de l'époux qu'on m'ordonne.
Léon vous faisoit peine, & j'ay dompté l'amour
Pour vous donner un maistre admiré dans la Cour,
Adoré dans l'Armée, & que de cet Empire
Les plus fermes soutiens feroient gloire d'élire.
C'est Martian.

ASPAR.

Tout vieil, & tout cassé qu'il est !

PULCHERIE.

Tout vieil & tout cassé, je l'épouse, il me plaist.
J'ay mes raisons. Au reste, il a besoin d'un gendre,
Qui partage avec luy les soins qu'il luy faut prendre,

E

Qui soûtienne des ans panchez vers le tombeau,
Et qui porte sous luy la moitié du fardeau.
Qui jugeriez-vous propre á remplir cette place ?
Une seconde fois vous paroissez de glace !
        ASPAR.
Madame, Aréobinde, & Procope tous deux
Ont engagé leur cœur, & formé d'autres vœux,
Sans cela je dirois ..
        PULCHERIE.
                        Et sans cela moy-mesme
J'éléverois Aspar á cet honneur suprème :
Mais quand il feroit homme á pouvoir aisément
Renoncer aux douceurs de son attachement,
Justine n'auroit pas une ame assez hardie,
Pour accepter un cœur noircy de perfidie,
Et vous regarderoit comme un volage esprit,
Toujours prest á donner où la Fortune rit.
N'en sçavez vous aucun de qui l'ardeur fidelle.
        ASPAR.
Madame, vos bontez choisiront mieux pour elle,
Comme pour Martian elles nous ont surpris,
Elles sçauront encor surprendre nos esprits.
Je vous laisse en résoudre.
        PULCHERIE.
                        Allez, & pour Iréne,
Si vous ne sentez rien en l'ame qui vous gesne,
Ne faites plus douter de vos longues amours,
Ou je dispose d'elle avant qu'il soit deux jours.

SCENE V.

PULCHERIE, JUSTINE.

PULCHERIE.

Ce n'eſt pas encor tout, Juſtine, je veux faire
Le malheureux Léon ſucceſſeur de ton pére.
Y contribûras-tu? préteras-tu la main
Au glorieux ſuccès d'un ſi noble deſſein?

JUSTINE.

Et la main & le cœur ſont en voſtre puiſſance,
Madame, doutez-vous de mon obéiſſance.
Aprés que par voſtre ordre il m'a déja couté
Un conſeil contre vous qui doit l'avoir flaté?

PULCHERIE.

Achevons, le voicy. Je répons de ton pére,
Son cœur eſt trop á moy pous nous eſtre contraire.

SCENE VI.

PULCHERIE, LEON, JUSTINE.

LEON.

Je me le diſois bien que vos nouveaux ſerments,
Madame, ne ſeroient que des amuſements.

PULCHERIE.

Vous commencez d'un air...

LEON.

                    J'acheveray de meſme,
Ingrate, ce n'eſt plus ce Léon qui vous aime,

Non, ce n'est plus...
PULCHERIE.
Sçachez...
LEON.
Je ne veux rien sçavoir,
Et je n'apporte icy ny respect, ny devoir.
L'impétueuse ardeur d'une rage inquiéte
N'y vient que mériter la mort que je souhaite,
Et les emportements de ma juste fureur
Ne m'y parlent de vous que pour m'en faire horreur.
Ouy, comme Pulchérie, & comme Impératrice,
Vous n'avez eû pour moy que détours, qu'injustice,
Si vos fausses bontez ont sçeu me decevoir,
Vos serments, m'ont réduit au dernier desespoir.
PULCHERIE.
Ah, Léon !
LEON.
Par quel art que je ne puis comprendre
Forcez-vous d'un soupir ma fureur à se rendre ?
Un coup d'œil en triomphe, & dés que je vous voy,
Il ne me souvient plus de vos manques de foy !
Ma bouche se refuse à vous nommer parjure,
Ma douleur se défend jusqu'au moindre murmure,
Et l'affreux desespoir qui m'améne en ces lieux
Céde au plaisir secret d'y mourir à vos yeux.
J'y vay mourir, Madame, & d'amour, non de rage,
De mon dernier soupir recevez l'humble hommage,
Et si de vostre rang la fierté le permet,
Recevez-le, de grace, avec quelque regret.
Jamais fidelle ardeur n'approcha de ma flame,
Jamais frivole espoir ne flata mieux une ame,
Je ne méritois pas qu'il eust aucun effet,
N'y qu'un amour si pur se vist mieux satisfait ;
Mais quand vous m'avez dit: QUELQUE ORDRE
QU'ON ME DONNE
NUL AUTRE NE SERA MAISTRE DE MA PERSONNE;

J'ay dû me le promettre, & toutefois, hélas,
Vous passez dès demain, Madame, en d'autres bras,
Et dès ce mesme jour vous perdez la mémoire
De ce que vos bontez me commandoient de croire.
PULCHERIE
Non, je ne la perds pas, & sçay ce que je doy.
Prenez des sentiments qui soient dignes de moy,
Et ne m'accusez point de manquer de parole,
Quand pour vous la tenir moy-mesme je m'immole.
LEON
Quoy! vous n'épousez pas Martian dès demain?
PULCHERIE
Sçavez-vous á quel prix je luy donne la main?
LEON
Que m'importe á quel prix un tel bonheur s'achepte?
PULCHERIE
Sortez, sortez du trouble où vostre erreur vous jette,
Et sçachez qu'avec moy ce grand tître d'époux
N'a point de privilége á vous rendre jaloux,
Que sous l'illusion de ce faux Hymenée
Je fais vœu de mourir telle que je suis née,
Que Martian reçoit & ma main & ma foy
Pour me conserver toute, & tout l'Empire á moy,
Et que tout le pouvoir que cette foy luy donne
Ne le fera jamais maistre de ma personne.
Est-ce tenir parole, & reconnoissez-vous
A quel point je vous sers quand j'en fais mon époux?
C'est pour vous qu'en ses mains je dépose l'Empire,
C'est pour vous le garder qu'il me plaist de l'élire;
Rendez-vous comme luy digne de ce dépost
Que son âge penchant vous remettra bien-tost.
Suivez-le pas á pas, & marchant dans sa route
Mettez ce prémier rang aprés luy hors de doute.
Etudiez sous luy ce grand art de régner
Que tout autre auroit peine á vous mieux enseigner,

PULCHERIE.

Et pour vous asseurer ce que j'en veux attendre,
Attachez-vous au trosne, & faites-vous son gendre,
Je vous donne Justine.

LEON.
A moy, Madame!

PULCHERIE.
   A vous,
Que je m'étois promis moy-mesme pour époux.

LEON.
Ce n'est donc pas assez de vous avoir perduë,
De voir en d'autres mains la main qui m'étoit deuë,
Il faut aimer ailleurs.

PULCHERIE.
   Il faut estre Empereur,
Et le Sceptre á la main justifier mon cœur,
Montrer á l'Univers dans le Héros que j'aime
Tout ce qui rend un front digne du Diadème.
Vous mettre á mon éxemple au dessus de l'amour,
Et par mon ordre enfin régner á vostre tour.
Justine a du mérite, elle est jeune, elle est belle,
Tous vos rivaux pour moy le vont estre pour elle,
Et l'Empire pour dot est un trait si charmant,
Que je ne vous en puis répondre qu'un moment.

LEON.
Ouy, Madame, après vous elle est incompara-
   ble,
Elle est de vostre Cour la plus considérable,
Elle a des qualitez á se faire adorer,
Mais, Hélas! jusqu'á vous j'avois droit d'aspirer.
Voulez vous qu'à vos yeux je trompe un tel mérite,
Que sans amour pour elle á m'aimer je l'invite,
Qu'en vous laissant mon cœur je demande le sien,
Et luy promette tout pour ne luy donner rien?

PULCHERIE.
Et ne sçavez-vous pas qu'il est des Hyménées
Que font sans nous au Ciel les belles Destinées?

COMEDIE HEROIQUE.

Quand il veut que l'effet en éclate icy-bas,
Luy-mesme il nous entraisne où nous ne pensions pas,
Et dès qu'il les résoût, il sçait trouver la voye
De nous faire accepter ses ordres avec joye.

LEON.

Mais ne vous aimer plus! vous voler tous mes vœux!

PULCHERIE.

Aimez-moy, j'y consents, je dy plus, je le veux,
Mais comme Impératrice, & non plus comme Amante,
Que la passion cesse, & que le zèle augmente.
Justine qui m'écoute agréra bien, Seigneur,
Que je conserve ainsi ma part en vostre cœur.
Je connoy tout le sien. Rendez-vous plus traitable,
Pour apprendre à l'aimer autant qu'elle est aimable
Et laissez vous tous conduire à qui sçait mieux que vous
Les chemins de vous faire un sort illustre & doux.
Croyez en vostre Amante, & vostre Impératrice,
L'une aime vos vertus, l'autre leur rend justice,
Et sur Justine & vous je doy pouvoir assez
Pour vous dire à tous deux, Je parle, obéïssez.

LEON.

J'obeïs donc, Madame, à cet ordre suprème,
Pour vous offrir un cœur qui n'est pas à luy-mesme,
Mais enfin je ne sçay quand je pourray donner
Ce que je ne puis mesme offrir sans le gesner,
Et cette offre d'un cœur entre les mains d'un autre
Ne peut faire un amour qui mérite le vostre.

JUSTINE.

Il est assez à moy dans de si bonnes mains
Pour n'en point redouter de vrais & longs dédains,
Et je vous répondrois d'une amitié sincére,
Si j'en avois l'aveu de l'Empereur mon pére.
Le temps fait tout, Seigneur.

SCENE VII.

PULCHERIE, MARTIAN, LEON, JUSTINE.

MARTIAN.

D'Une commune voix,
Madame, le Sénat accepte voſtre choix.
A vos bontez pour moy ſon allegreſſe unie
Soupire aprés le jour de la ceremonie,
Et le ſerment preté pour n'en retarder rien
A voſtre auguſte nom vient de meſler le mien.

PULCHERIE.

Cependant j'ay ſans vous diſpoſé de Juſtine,
Seigneur, & c'eſt Léon á qui je la deſtine.

MARTIAN.

Pourrois-je luy choiſir un plus illuſtre époux,
Que celuy que l'Amour avoit choiſi pour vous?
Il peut prendre aprés vous tout pouvoir dans l'Empire,
S'y faire des emplois où l'Univers l'admire,
Afin que par voſtre ordre, & les conſeils d'Aſpar,
Nous l'inſtallions au troſne, & le nommions Céſar.

PULCHERIE.

Allons tout préparer pour ce double Hyménée,
En ordonner la pompe, en choiſir la journée.
D'Iréne avec Aſpar j'en voudrois faire autant,
Mais j'ay donné deux jours á cet eſprit flotant,
Et laiſſé juſque-là ma faveur incertaine,
Pour régler ſon deſtin ſur le deſtin d'Iréne.

Fin du cinquieſme Acte.